"新"小学怎么办

主　编　代显华　谢东云

副主编　张　露　邓丽娜　凌　静　钟　键
　　　　陈　红　刘晓琴　冉　亦　温　婷

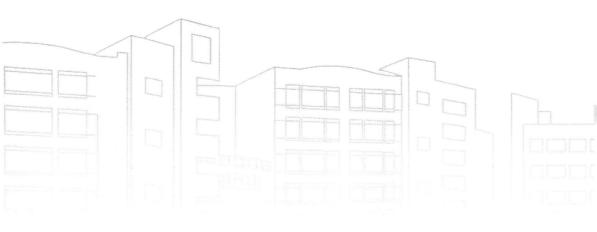

四川大学出版社
SICHUAN UNIVERSITY PRESS

图书在版编目（CIP）数据

"新"小学怎么办 / 代显华，谢东云主编. -- 成都：
四川大学出版社，2025. 4. -- ISBN 978-7-5690-7261-7

Ⅰ . G622.0

中国国家版本馆 CIP 数据核字第 2024FK5387 号

书　　名：　"新"小学怎么办
　　　　　　　"Xin" Xiaoxue Zenmeban
主　　编：　代显华　谢东云

选题策划：　梁　平　李　梅
责任编辑：　孙滨蓉
责任校对：　叶晗雨
装帧设计：　裴菊红
责任印制：　李金兰

出版发行：　四川大学出版社有限责任公司
　　　　　　　地址：成都市一环路南一段 24 号（610065）
　　　　　　　电话：（028）85408311（发行部）、85400276（总编室）
　　　　　　　电子邮箱：scupress@vip.163.com
　　　　　　　网址：https://press.scu.edu.cn
印前制作：　四川胜翔数码印务设计有限公司
印刷装订：　成都金龙印务有限责任公司

成品尺寸：　170 mm×240 mm
印　　张：　10.5
字　　数：　202 千字

版　　次：　2025 年 5 月 第 1 版
印　　次：　2025 年 5 月 第 1 次印刷
定　　价：　68.00 元

扫码获取数字资源

四川大学出版社
微信公众号

序一

  《"新"小学怎么办》围绕"新时代的'新'小学如何办"这一主题，以四川天府新区第一小学为经典案例，从理念、使命、征程、举措等方面诠释了"新"小学之"新"的意蕴和内涵，从学生观、教师观、家校观等方面比较深入地论述了"新"小学具体的办学理念，从发展与规划、管理、教学、社会支持、学校文化、学校评价等方面比较全面而又具体地论述了"新"小学各方面的办学措施或方略。

  本书符合新时代教育改革与发展的要求，研究方法得当，论述全面，能够理论联系实际，理念有新意，各方面的办学举措或方略具有可操作性或可行性，这对于相关方面的人士思考小学教育改革与发展的相关问题有参考价值。

西南大学教育学部教授、博士生导师　廖其发

2024 年 4 月 8 日

序二

新时代"新"小学如何办？这既是新时代的要求，也是"新"小学的追求，教育界应该积极去思考、去探索。

《"新"小学怎么办》系统阐述新时代背景下小学教育改革与发展面临的新形势、新任务、新要求，从新的理念、新的使命、新的征程、新的举措四个方面去理性探讨"新"小学"新"在何处，如何成为符合时代和社会发展的"新"小学。

全书紧跟时代精神，要言不烦，不仅对"新"小学教育改革与发展进行简明论述，还展示了具体案例，让人容易理解。

四川省社会科学研究院研究员　李有学

2024 年 4 月 8 日

目　录

导论 "新"小学"新"的阐释

经过长期努力，中国特色社会主义进入了新时代，我国发展有了新的历史方位。面对新的历史方位，教育需把握已转化的新的社会主要矛盾，进一步深化综合改革、直面发展难题、创新发展模式。小学作为教育领域中最基础、最重要的一环，面对教育改革与发展的新形势、新任务、新要求，更应遵循新的思想、肩负新的使命、踏上新的征程、采取新的举措，成为符合新时代发展要求的"新"小学。

"新"在《新编字典》中有以下几种意思：①首次出现或初次经验到的（跟"旧"或"老"相对）；②性质上变好、使之变成新的，跟"旧"相对，表示一种有异于旧质的状态或性质；③没使用或没用过的（跟"旧"相对）；④指新的人或事物等①。在本书中，"新"主要是指第二种意思：性质上变好、使之变成新的。"新"小学是指一种有异于旧的状态和性质的小学，符合新时代发展要求的现代化的小学。在中文语境下，举凡"新"，从来都是相对于"旧"而言的，"新"小学也需以"既往"为参照系，在同"既往"的比较分析中归结不同于"既往"的显著特征和系统性差异。

党的十九大提出新的社会矛盾，投射在教育领域具体表现为人民日益增长的对优质教育的需要和教育发展不平衡不充分之间的矛盾，这体现人民对优质教育的追求②。小学的出发点和立足点也因此有了新的变化，这种变化主要表现在从"有学上"转变为"上好学"，从"数量弥补"和"规模扩张"转变为"高质量发展"，从解决"应试教育"所产生的诸多问题转变为培养堪当民族复兴大任的时代新人，呈现出更加主动、更加积极、更加高远的价值追求③。在如何建设"新"小学问题上有许多新的主张和政策指引，提出了"九个坚持"、

---

① 任超奇. 新编字典 [M]. 武汉：崇文书局，2006：48.

② 习近平. 决胜全面建成小康社会 夺取新时代中国特色社会主义伟大胜利——在中国共产党第十九次全国代表大会上的报告 [EB/OL]. (2017-10-28) [2024-10-05]. http://politics.people.com.cn/n1/2017/1028/c1001-29613514.html.

③ 石中英. 发展素质教育的根本任务、时代内涵和实践建议 [J]. 人民教育，2021 (10)：18.

教育高质量发展等。结合新时代下对"新"小学的认识和政策主张，本书主要从新的理念、新的使命、新的征程、新的举措四个方面探讨"新"小学的"新"。

一、"新"小学新在理念

教育理念是指人们对教育的理性认识，是建立在教育规律的基础之上的，主要包括教育思想、教育观念、教育主张和教育信念等[①]，它面向教育实践，表达教育的理想[②]。"为党育人、为国育才"是教育的使命，党的领导是教育事业健康发展的根本保证，"新"小学必须坚持党对教育工作的全面领导，秉承党的教育理念。2015年党的十八届五中全会提出了新发展理念：创新、协调、绿色、开放、共享、坚持。这五大发展理念为我国教育指明了方向，是我国教育事业发展的理念遵循。2018年习近平总书记在全国教育大会上提出了教育改革发展的新理念、新思想、新观点，即"九个坚持"[③]：坚持党对教育事业的全面领导，坚持把立德树人作为根本任务，坚持优先发展教育事业，坚持社会主义办学方向，坚持扎根中国大地办教育，坚持以人民为中心发展教育，坚持深化教育改革创新，坚持把服务中华民族伟大复兴作为教育的重要使命，坚持把教师队伍建设作为基础工作。2019年《中国教育现代化2035》提出了推进教育现代化的八大基本理念：更加注重以德为先，更加注重全面发展，更加注重面向人人，更加注重终身学习，更加注重因材施教，更加注重知行合一，更加注重融合发展，更加注重共建共享。八大基本理念都是以"更加注重"的句式表述的，表明过去的教育发展也倡导这些理念。这些理念对未来教育发展、对未来小学发展是起到整体性支撑作用的。2022年党的二十大再次强调全面贯彻党的教育方针，落实立德树人根本任务，培养德智体美劳全面发展的社会主义建设者和接班人。

"新"小学的教育理念并不只是指在新时代提出，而是这部分理念在当今社会不断被重视，逐步独占鳌头，发挥更重要的引领作用。通过对上述有关教育的重要文件和政策话语的梳理，本书将"新"小学新的理念主要凝练为四个方面：立德树人、全面发展，以人为本、协调发展，继承传统、创新发展，终

---

① 眭依凡. 简论教育理念 [J]. 江西教育科研，2000 (8)：8.
② 陈平水，万碧波，韩敏. 教育理念的价值及其实现 [J]. 山西大学学报（哲学社会科学版），2010 (5)：97.
③ 本报评论员. 牢牢把握教育改革发展的"九个坚持" [N]. 人民日报，2018-09-14 (002).

身学习、融合发展。立德树人、以人为本是"新"小学教育发展的基础，只有基础良好才能更好地继承传统和创新发展，以及持续学习和融合发展，从而推进教育体系不断发展和完善。

（一）立德树人、全面发展

立德树人是我国教育的根本任务，是对社会主义人才培养规律的深刻把握，是适应新时代教育、提高教育质量的必然要求。对于立德树人，首先需明确回答新时代教育立什么德、树什么人。立德树人中的"德"既有个人品德，也有社会公德，更有国家大德；树人在于培养有理想、有道德、有知识、有能力的"四有"时代新人，培养努力践行社会主义核心价值观的现代人。随着时代的发展，小学教育的使命已从简单传授已有知识和信息转变为重点关注学生的全面发展。"新"小学应以培养学生优秀的道德品质为根本，以全面发展为目标。"新"小学还需要打破单科课程束缚，以"立德树人""全面发展"为培养目标，以"五育"——"育德""育智""育体""育美""育劳"相融为发展路径，深刻解读学科核心素养，解读新课程标准，促进学生幸福、健康成长。

（二）以人为本、协调发展

"以人为本、全面、协调、可持续"的科学发展观[①]，要求遵循以人为本、协调发展的教育理念。小学中的"人"是指学生和教师，"以人为本"指向学校应更关注学生、教师的现实需要和未来发展，更重视学生、教师自身的价值及其实现，更注重培养学生、教师的自尊、自信、自爱、自立、自强意识，从而不断提升其精神文化品位和生活质量，推动其个人发展及自我完善。"协调发展"的理念则是要求学校把握学生的发展全过程，以贴合学生自身特点的方式开展教育，全面发展学生的智力、情感和身体潜能，并且更重视学生的社会性，毕竟每个人都身处于社会当中。小学生在学校学习的同时，更需要并拓认知、结交朋友、了解外界知识，关注社会和文化趋势，适应新环境，融入社会现实生活。

（三）继承传统、创新发展

传统与创新二者之间是密不可分、互为因果、互为转换的。传统是创新的

---

① 袁贵仁. 以人为本是科学发展观的核心［EB/OL］. （2005－11－20）［2024－10－05］. https://www.gov.cn/ztzl/2005－11/20/content_103940.htm.

基础，创新是传统的发展，继承是为了创新，创新才能更好地继承。优秀的传统文化是中华民族的精神命脉，是最深厚的文化软实力，新时代下的现代教育必须坚持发扬中华优秀传统文化，增强文化自信，强化知识观念，同时在继承优秀传统文化的基础上进行创新发展。党的十九大报告指出，深入挖掘中华优秀传统文化蕴含的思想观念、人文精神、道德规范，结合时代要求继承创新，让中华文化展现出永久魅力和时代风采。"新"小学需秉持科学态度，结合现实，有鉴别地发挥传统价值理念和道德规范的教育功能，善于继承，不断弘扬优秀传统文化，最终达到以文化人、以文育人。学校只有善于继承，才能更好地创新。

（四）终身学习、融合发展

终身学习是指一个人的整个"学习生命周期"，也就是从出生到死亡，一生持续不断地学习。紧随社会发展的客观要求，终身发展成为迎合人们长远发展需求的必要手段。在终身教育理念渗透和终身学习体系构建的大背景下，培养具有终身学习意识、能力与习惯的人，将成为未来基础教育重要的育人目标，"新"小学也将紧跟新时代要求，培养终身学习的学生。在互联网技术的发展下，终身学习的理念得到更新、更快的发展①。学校开始依托新媒体技术开展线上线下相融合的学习活动。"新"小学里的融合式教学不是简单的"线上教学+线下教学"，更不是仅在传统教学中加入一些信息技术手段，而是通过不同认知目标的知识分类，将知识配置到不同的教学形式中，从而发挥线上教学和线下教学的最大效能。

二、"新"小学新在使命

一个时代有一个时代的使命，新时代党和国家赋予教育新使命和新担当。"使命"一词在《辞海》中有三种解释：一是指使者所奉之命令；二是指奉命出使；三是指任务，指派人办事的命令，多指重大的责任②。在现代，使命通常是第三种意思，指一个人或组织所要完成的任务、服务的对象、实现的目标、担负的责任③。教育使命则是指教育要完成的任务、服务的对象、实现的

---

① 周桂英. 互联网与终身学习融合视角下的继续教育变革 [J]. 继续教育研究，2016 (1)：5.
② 夏征农. 辞海 [M]. 上海：上海辞书出版社，1999：287.
③ 赵薇. 论习近平战略观的核心要义、现实基础及其贯彻落实——兼谈习近平战略观与中华优秀传统文化的关系 [J]. 理论学刊，2017 (6)：20.

目标、担负的责任，它决定着"培养什么人、为谁培养人"的教育宗旨①。

（一）培养什么人

党的十八大报告首次提出要把"立德树人"作为教育的根本任务，党的十九大报告进一步指出要"落实立德树人根本任务""培养德智体美劳全面发展的社会主义建设者和接班人"。步入新时代后，"立德树人"这一价值观和行为准则被赋予了更加重要的地位，落实"立德树人"的根本任务已成为新时代各级各类教育的总体要求。具体而言，教育的根本任务"立德树人"是以"培养德智体美劳全面发展的社会主义建设者和接班人"为目标，推动学生全面成长和发展。"新"小学不仅要注重知识和技能的传授，还要注重学生的思想道德、身心健康和综合素养的培养，促进学生实现自我价值，为社会作出贡献。

（二）为谁培养人

中国共产党从始至终的初心和使命都是"为中国人民谋幸福、为中华民族谋复兴"，在教育领域具体表现为"为党育人、为国育才"。习近平总书记提出教育的"九个坚持"，其中之一就是"坚持把服务中华民族伟大复兴作为教育的重要使命"②。我国是中国共产党领导的社会主义国家，我们的教育必须把培养社会主义建设者和接班人作为目标。当今世界的综合国力竞争归根到底是人才竞争，人才竞争首先是人才培养的竞争。教育是国家发展、民族振兴的重要基石，是人才培养的关键。国家实施的人才强国战略、创新驱动发展战略、科教兴国战略，凸显了教育在国家发展中的重要作用，强调了人才、创新和科技教育在国家长远发展中的关键地位。教育，可以提高国民素质，增强国家的文化软实力；推动科技创新，提高国家的科技实力；培养人才，增强国家的经济实力等。

教育是国家发展的基石，小学作为基础教育的核心机构，弄清楚当下的教育使命对学校发展具有非常重要的意义。"新"小学以"为党育人、为国育才"为教育使命，以"立德树人"为根本任务，以"培养德智体美劳全面发展的社会主义建设者和接班人"为目标。"新"小学需要通过深入思考当下的教育使命，确定自身发展的方向和目标，进而调整学校的发展战略和规划，明确自身

---

① 邢梓琳，李志明. 习近平总书记关于教育改革发展"九个坚持"重要论述阐释［J］. 北京理工大学学报（社会科学版），2023（3）：172-178.
② 本报评论员. 牢牢把握教育改革发展的"九个坚持"［N］. 人民日报，2018-09-14（002）.

的定位，更加科学地制订教育教学计划和设置课程，推进有效的教育改革，提高教学质量和学生综合素质，为学生的未来发展提供更好的保障机制。学校只有清晰地把握当下的教育使命，明确自己的定位和目标，并不断推进教育教学改革，才能够更好地为培养未来的人才和促进社会发展作出贡献。

三、"新"小学新在征程

七十多年的奋斗，新中国从成立之初的文盲率高达 80％ 到现在义务教育全面普及，中国教育事业在不断发展和改善。如今，我国已经基本上解决了"有学上"的问题，基础教育实现了跨越式的发展，取得令世界瞩目的成就。全国教育事业发展统计数据显示，2021 年全国九年义务教育巩固率为 95.4％，比上一年增长 0.2％，全国共有小学 15.43 万所①；2019 年全国普通小学有16.01 万所②。小学已经从"数量"向"数量＋质量"转变，从而适应教育现代化的发展。党的二十大报告中，党组织高度重视教育高质量发展，提出要加快构建高质量基础教育体系，切实办好人民满意的基础教育。基础教育已进入以质量为核心的新阶段③，小学是帮助学生"扣好人生第一粒扣子"的关键阶段，必须全面贯彻党的教育方针，踏上小学高质量发展的新征程，努力构建教育事业发展的新格局。

（一）小学高质量发展的基本内涵

关于质量的定义，国际标准化组织（ISO）在《质量管理和质量保证：术语》中将其定义为"反映实体（产品过程或活动等）满足明确和隐含的需要的能力的特性总和"，"一组固有特性满足要求的程度"④。《教育大辞典》对质量的解释是："教育质量是教育水平的高低和效果优劣的程度，最终体现在培养对象上。"⑤ 结合国内外对质量不同的解释，本书认为质量是反映实体满足需求的能力或程度的特征总和。

2018 年政府工作报告关于教育工作重点的表述从"有质量"到"高质量"

---

① 2021 年全国教育事业发展统计公报［J］. 中国地质教育，2022（3）：109－112.
② 2019 年全国教育事业发展统计公报［J］. 中国地质教育，2020（4）：120－124.
③ 余慧娟. 教育部副部长郑富芝：牢牢把握基础教育高质量发展的方向［J］. 人民教育，2020（21）：9.
④ 转引自伍爱. 质量管理学［M］. 3 版. 广州：暨南大学出版社，2006：2.
⑤ 教育大辞典编纂委员会. 教育大辞典 1［M］. 上海：上海教育出版社，1990：24.

的转变[①]，反映了国家宏观政策对"高质量"的重视。随着整个国家向高质量发展阶段转向，教育自然也转向高质量发展。习近平总书记指出："高质量发展就是体现新发展理念的发展，是经济发展从'有没有'转向'好不好'。"[②]映射到教育领域中，高质量发展是对教育发展状态的一种事实与价值判断，意味着教育在"质"与"量"两个维度上达到优质状态。有学者认为基础教育高质量发展是以"创新、协调、绿色、开放、共享五大发展理念"为核心，以"质量、效率、动力三大动力变革"为手段，以人民群众对高质量教育需求的满足为导向，不断提高基础教育发展的优质化程度和水平[③]。这反映了基础教育高质量发展的核心内涵是要素最优化，本质是实现事物内外部要素最优化的过程[④]。

小学作为教育发展的基础，其发展重点从聚焦体量转向聚焦质量，踏上小学高质量发展的新征程。因此，小学高质量发展的核心内涵是要素最优化，其本质是小学内外部要素最优化的过程，从而增强学校的自生长力。

（二）小学高质量发展的要素分析

学校作为教育者有计划、有组织地对受教育者进行系统的教育活动的组织机构，其形成是一个多种要素协调、配合发展的过程。学者邹尚智认为学校的基本构成包括四个方面：校长的办学思想、学校的办学目标、学校教师群体、学校文化[⑤]。学者康万栋等认为学校的构成要素主要包括学校文化、学校课程、学校教学、学校德育、学校活动、学校团队、学校管理等[⑥]。美国学者构建出一个关于学校因素的模型，即地方教育行政的领导和组织、家庭与社区的教育环境、学校概况、校园文化、学校政策与实施、课程与教学六大"理论概念"[⑦]。学者们大多认为，学校的构成要素包括办学理念、发展规划、学校管理、教学与学习、校园文化以及社会支持。

---

① 王建华. 什么是高等教育高质量发展 [J]. 中国高教研究，2021 (6)：16.
② 坚持新发展理念打好"三大攻坚战" 奋力谱写新时代湖北发展新篇章 [EB/OL]. (2018-04-28) [2024-11-25]. http://www.xinhuanet.com/politics/leaders/2018-04/28/c_1122761186.htm.
③ 柳海民，邹红军. 高质量：中国基础教育发展路向的时代转换 [J]. 教育研究，2021 (4)：13.
④ 郑文龙，欧阳光华. 高等教育高质量发展：内涵、挑战与路径 [J]. 现代教育管理，2022 (6)：47.
⑤ 邹尚智. 特色学校创建与校长个性化发展 [M]. 北京：北京时代华文书局，2017：21-32.
⑥ 康万栋，邵喜珍. 校长与学校发展 [M]. 保定：河北大学出版社，2013：220-223.
⑦ 姚文忠，刘一，刘裕权. 学校诊断 [M]. 成都：四川教育出版社，2004：28-31.

教育评价事关教育发展方向，有什么样的评价指挥棒，就有什么样的办学导向①。近几年国家层面密集出台有关教育评价改革的政策、文件，社会层面也越来越关注教育评价。学校教育评价工作的改革空间很大，评价所蕴含的能力远远没有发挥，没有挖掘。学校评价能力将成为一所学校的软实力，它不像校舍、校园、教师学历等因素那样外显，是学校发展的秘密武器。对学校进行评价，能发现学校的问题和不足，并为学校提出改进措施，从而提高学校的教育质量、促进学校发展、提高社会评价、提高学生和家长满意度。因此，本书认为学校评价也是学校构成要素之一。

基于此，构成"新"小学的要素包括办学理念、发展与规划、管理、教与学、社会支持、学校文化和学校评价。小学的高质量发展，需要关注学校办学理念、发展与规划、管理、教与学、社会支持、学校文化、学校评价七个方面。这些要素是小学成为新时代教育先行者，推动教育现代化进程不可或缺的关键元素。这些要素相互交融，共同构建"新"小学的核心价值和目标。

四、"新"小学新在举措

在党的方针政策的指引下，小学踏上了高质量发展的新征程，随之而来的"迈开脚步"变得尤为重要。"新"小学需要从增强学校内生动力的角度出发，制定新的举措来推进办学理念、发展与规划、管理、教与学、社会支持、学校文化、学校评价。"新"小学不仅需要重新审视学校办学理念，还要制定完善的发展与规划，不断提升学校基础设施建设水平，加强团队管理，提高教育质量，树立积极向上的学校文化形象，推动学校和社会各界的互动合作，并制定出科学合理的评价体系，来促进"新"小学高质量发展。

（一）办学理念

"明确而独特的办学理念是一所学校成为优质学校的首要条件。"② 办学理念是学校的教育理想和教育信念，是教育者对教育的理性认识和理想的追求。办学理念是学校校长对为什么办学、办什么样的学、如何办等一系列问题的比较系统、比较成熟的理性思考和认识，是长期办学经验、思路及理性思维的积

累、提炼、升华。学校在办学上要时刻追问自己三个问题：培养什么人？怎样培养人？为谁培养人？要始终把立德树人作为教育的根本任务，以培养德智体美劳全面发展的社会主义建设者和接班人为目标。随着时代的不断进步，"新"小学的办学理念也在不断变化。校长通过办学实践获得了宝贵的经验，并对办学理念不断地进行完善和调整。

（二）发展与规划

学校办学，首要就是做好学校规划，学校规划要"顶天立地"。学校规划要"顶天"，紧跟时代背景，紧跟党的教育方针，关键是把党的教育方针落实到教育教学中。学校规划要"立地"，立足于学校自身的实际情况。"新"小学的发展与规划需在高质量发展学校教育事业的政策统筹下，以立德树人、全面发展，以人为本、协调发展，继承传统、创新发展，终身学习、融合发展为指导理念，倡导小学组织成员共同参与，通过对小学发展境况的系统分析，最大限度地调动多种积极因素（人力、物力、财力），致力于小学全面发展以实现预期目标的整体性规划。四川天府新区第一小学（以下简称天府一小）基于"植根传承实小文化、依托新区资源平台、创新课程设置实施、实现国家育人目标"的办学宗旨和"国际化、现代化、高品质"的办学定位，制定三个五年发展规划，第一个五年建"活而有常"的新学校，第二个五年建"活而有术"的活学校，第三个五年建"活而有道"的好学校。

（三）管理

党的二十大报告提出，完善学校管理、聚焦优化教育治理、落实政府办学主体责任。学校管理从"人治型""法治型"走向"人本型"，从"科层级"管理走向"扁平化"管理，从而打造"领导者－领导者"模式，实现学校治理体系和治理能力的现代化。成都市近几年新建小学试点创新体制，确保依法民主治校、科学智慧办学；扁平管理，简洁高效，分布式管理，两中心、三学部，确保事业发展和事业保障发展；薪酬体系，激励成长，设计"因事设岗，薪随岗变，优劳多劳，优劳优酬"的激励型薪酬体系，并以"课题"研究为优化策略，旨在肯定成长，让努力"看得见"。"新"小学尝试建立内在的生态养成与外在的生态保障，充分发挥教育管理参与者的主体性，从而推动形成学校管理的良性发展机制[①]。"新"小学的管理既破解了老学校教师结构不佳、活力不足的问题，也突破了新开办学校缺乏编制、教师年龄结构不优等发展瓶颈，实现了以老带新、以新促老、融合发展[②]。

（四）教与学

关于教学，要聚焦提升教学效能，提高教师实施新课程、新教材的能力水平，从"教授知识"走向"育人"，从"传统课堂教与学"模式走向"融合式教与学"，深化"减负提质"工作。学校教师需"修内功"蓄力，以创建区、市教师发展项目为契机，构建教师专业成长中心体，促进教师可持续发展，让教师成为真正的兴教之本、兴教之源。

关于课程，创建学生课程、教师课程、家长课程，全方位促进学生全面发展、教师专业发展、家校深度融合育人。学校课程以国家课程为内核，聚焦"立德树人"，聚力"五育融合"，多资源融合，课内外并举，高效实施国家课程，建设守正创新的学习场，实现真实的成长。在学生课程中要进一步加强新时代小学思政课建设，构建"大思政"教育体系，积极培育和践行社会主义核心价值观；广泛开展学生阅读活动，完善指导书目，培养良好的阅读习惯，提高人文素养；充分发挥劳动教育的育人功能，加强科学教育，培养创新精神，增强实践能力。通过师生、家长全纳，国家课程、创新课程共构，社区、社会共建，"三阶"叠加，创新课程，引领实施。

（五）社会支持

社会支持有利于学校不断改进教育教学工作，提高教育教学质量。学校的发展是一项复杂的系统工程，不能单靠学校自身和教育行政部门，需要全社会对其关注和支持，需要社会各界相关部门共同扶持，营造良好的教育氛围，为学校发展提供有力支持。党的二十大报告提出，健全学校积极主导、家庭主动尽责、社会有效支持的育人机制，推动形成学校、家庭、社会协同育人新格局。学校需获取社会各方的支持并且大力开发校外各种社会资源，体现"融合育人""协调育人"的理念。"新"小学需整合各方资源组建教育联盟，发挥政府引导作用、学校主导作用、家庭基础作用和社会支持作用，充分整合社会资

[①] 徐蕾. 从制度约束、人本关怀到文化生成——现代学校管理模式变革与反思 [J]. 现代教育管理，2014（9）：20.

[②] 李广. 以综合改革促进教育高质量发展 [J]. 人民教育，2021（21）：71—72.

源、家长资源，在"馆、台、院、场"等开放平台，创设"游、学、研、玩"等多元化社区课程，搭建更多宽广的社会实践空间，形成"理实相融、知行合一、多元合力、协同互构"的育人格局。

（六）学校文化

文化是内化于心的内驱力之源，更是可视、可感、可体验、可传递的环境熏染。美国教育家伯尔凯和史密斯曾指出："一个办得很成功的学校应以它的文化而著称，即有一个体现其价值和规范的结构、过程和气氛，使教师和学生都被纳入导致成功的教育途径。"① 步入一所学校，便可切身感受到学校醇厚而灵动的文化气场。学校文化是引领小学教育高质量发展的价值导向、内生动力，促使小学质量保障从制度规制走向文化自觉。学校文化建设在梳理学校历史发展经验、分析学校发展现状和畅想学校未来的基础上，对全体师生共同遵循的价值理念、文化制度等进行总结和提炼。在此意义上，学校文化建设面向学校发展的历史、现状与未来。学校文化建设因传统与现代相融合，育"红色"基因；一步一景，孕"审美"素养；一处一堂，课改导向，建"室外"课堂。"新"小学以"无处不学习，无处不课堂"为理念，校园内外，一草一木，一台一阁，皆为灵动课堂，实现"以景为堂，堂入景，以堂为景，景是堂"。

（七）学校评价

中共中央、国务院印发的《深化新时代教育评价改革总体方案》，坚持把立德树人作为教育工作的根本任务，具体围绕"五个主体"改革，倡导"改进结果评价，强化过程评价，探索增值评价，健全综合评价，充分利用信息技术，提高教育评价的科学性、专业性、客观性"。现在的质量评价从单兵作战走向系统突围，从单一强调分数的评价观转向"全面和谐的质量观"。

关于学生评价，以能力为原点，采取科学化、多样化的评价方式，使学生见贤思齐共进步。学生将日常积累化为自信言语，逐渐敢说、能说、会说。评价方式由单一模块向多个模块转变，打破了"重分数论"的旧观念，运用"多把尺子丈量孩子们的多元成长"。国家实施"双减"政策，"减"的是学生学业的负担，是学生不应承受的过重压力，因此，学生评价应重视学生的多元能力与全面发展。

---

① 转引自莫岚. 诗香盈校 和合能谐——诗意校园文化建设策略研究 [J]. 新课程（教研版），2012（6）：89—90.

关于学校评价，积极关注整体的教育质量评价实践，借助第三方评价和教育督导的力量整合，形成以学生发展、学校办学和政府履职、资源配置为主体评价内容的基础教育质量评价体系。学校需全面落实义务教育办学质量评价指南，加快构建以发展素质教育为导向的科学评价体系。

第一章　"新"小学的办学理念

第一节　"新"小学办学理念概述

随着我国经济快速发展，城镇化进程逐渐加快，城市的入学人口越来越多，教育需求逐渐增长，这就要求政府新建更多公办学校。如今高质量发展已成为我国基础教育发展的主题，坚持以人民为中心，办公平而有质量的教育，办优质特色的学校，塑造专业化、高质量、创新型教师队伍，培养全面发展而具备个性的小学生，成为时代要求。作为一所"新"小学，办学理念是其最重要的引领内核。换言之，一所学校的生存乃至发展都离不开办学理念的指引。

一、"新"小学办学理念的内涵

办学理念是办学者的教育思想的集中体现，它要解决的是办学者为什么办这所学校的问题，其中主要体现了办学者对教育价值的判断与追求，对社会和师生服务的认可与责任。"校长在确立学校的办学理念中起着关键作用。一所学校的办学理念往往反映了校长的教育理论水平、办学思想、教育良知甚至教育信念"[①]。同理，对于学校办学理念的探讨主要集中于校长办学理念的探讨，而对"新"小学办学理念的探讨则集中于"新"小学校长的办学理念。

（一）小学办学理念的研究对象与性质

"小学办学理念"是什么？首要界定"办学理念"是什么？有学者认为，办学理念是校长对学校为何存在、应当做什么和如何做等基本问题的理性思

---

① 陈如平. 如何提出和提炼学校的办学理念？［J］. 中小学管理，2006（10）：5.

考，体现着校长对教育的理想追求，也是校长办学信念的集中体现①。也有学者提出，办学理念是指随时代进步而变化的、影响和决定学校整体发展的、反映教育本质要求的、来源于办学实践又作用于办学实践的理性认识和价值追求②。还有学者认为，它是学校生存、发展的主导理念，涉及学校发展与学生发展两大主题，包括人本、服务、发展三大思想。

（二）小学办学理念的历史演进

回溯办学理念的历史总是伴随着学校的演变而不断演进的。古代中国，无论大学或是小学，均需保证政治对教育的绝对领导，体现着"学而优则仕"的价值取向③，此时无论是学生的学习还是教师的教学都以政治导向为依据，教育质量评判标准单一，一切为政治服务。西欧学校在很长时间内是以文明为基础的教育场所，以学习或知识为基础。在这样的环境下，小学办学理念主要以文明、宗教等传承为基本宗旨，所体现的学生观则是受教育者作为文明传承的载体，被动接受文化的对象；教师则是文明延续的传播者，享有"天地君亲师"的崇高地位。此时教育质量的评价标准较为单一，以维系政治或宗教集团的利益为宗旨。近现代资产阶级新型贵族的崛起，代表了新的利益集团的家庭对教育有了更高需求，折射到小学的教育需要应时而变。

进入新时代的我国基础教育，着力构建优质均衡的基本公共教育服务体系，正在从"有学上"到"上好学"转变。同时，大众家庭也表现出对教育获得过程的品质与结果的不懈追求④。家庭对教育的关注与参与相较从前，在教育中发挥着越来越重要的作用，因此，办学理念也需要充分考虑家校观的影响。

（三）"新"小学办学理念的内涵

通观对办学理念的各种解释，"新"小学的办学理念可以做这样的定义："新"小学办学理念主要指随时代、儿童教育观念，以及政策的变化，小学根据自身教育及办学经验，对一所小学学校的办学实践做出的理性认识和价值追求。其中，学校实践活动主体主要是学生和教师，对学生和教师实践活动的认识和价值追求主要从学校的教育质量观中可见一斑，而新时代家庭对教育的期待与关注也正在影响着小学的办学发展。中共中央政治局第五次集体学习时，

---

① 叶文梓. 论中小学校长的办学理念 [J]. 教育研究，2007（4）：85.
② 史燕来. 中小学校办学理念探析 [J]. 中国教育学刊，2004（5）：61.
③ 喻本伐，熊贤君. 中国教育发展史 [M]. 武汉：华中师范大学出版社，2011：17-18.
④ 赵秀红. 提升基础教育质量的跨越之举 [N]. 中国教育报，2019-12-23（1）.

习近平总书记强调："要在全社会树立科学的人才观、成才观、教育观，加快扭转教育功利化倾向，形成健康的教育环境和生态。"① 小学办学理念体现着学校对学生观、教师观、家校观以及教育质量观的认识，是学校教育思想的集中反映，是办学理想的特殊表达，是小学学校精神的"内核"。总体而言，"新"小学办学理念强调在立德树人的基础上，学校通过办学实践不断获得经验，并在办学理念的落实中不断完善和调整。

二、"新"小学办学理念的构成

"新"小学办学理念主要包含对学生观、教师观、家校观、教育质量观的理性认识和价值追求。

（一）学生观

学生观主要指如何看待学生。传统学生观强调师道尊严，将学生视作被动的客体，即被管理和被教育的对象；在教育管理过程中，强调严格管理与纪律约束，对学生权利较少关注。而"新"小学中的学生观以核心素养为基础，认识到学生是客观存在的具有独立意识的人。

（二）教师观

教师观是指人们对教师活动的了解与认识，泛指人们对于教育工作者职业角色的认知、理解和期待的一种观念呈现②。"新"小学中的教师注重教师个体发展与学生的个性化培养，有助于双方确立生命价值以实现道德教育的目标。

（三）家校观

家校合作，意指家庭与学校共同参与学生的教育活动，通过沟通、交流、协商等共同促进学生的成长③。随着教育生态的变化，家庭作为教育的组成部分越发彰显其独特的作用，那么对家校合作制度化的规范理应成为小学办学章程的重要组成部分。

---

① 盛玉雷. 在全社会树立科学的人才观［J］. 科技传播，2023（17）：2.
② 孙刚成，左晶晶. 习近平的教师观解读［J］. 教育文化论坛，2018（1）：1.
③ 马忠虎. 基础教育新概念：家校合作［M］. 北京：教育科学出版社，1999：158.

（四）教育质量观

教育质量观是指教师更关注学生的综合素质和可持续发展。衡量教育质量的指标包括学业水平、身心健康、艺术修养、社会实践能力以及社会责任感等。"新"小学通过优化课程设置、创新教学方法、强化过程评价，确保每个学生都能获得公平而有质量的教育。

第二节　"新"小学的学生观

一、"新"小学学生观的概念意蕴

关于学生观，在教育史上有两派主张：一派是教师中心论，以赫尔巴特为代表，强调教师的绝对权威和在教学过程中的支配地位；另一派是学生中心论，以杜威为代表，主张教学应以学生为中心，教师只是辅助者，教学应顺应学生的天性和满足其兴趣需要。这两派主张在国内影响颇深，国内的教学由以往注重教师的"教"逐渐转为注重学生的"学"。

国内学者对学生观的定义较为一致，《中小学教师要有正确的学生观》将学生观定义为："学生观即对学生的地位、作用、特点的总的看法和根本态度。"[1] 刘弋贝在《学生观问题的再认识》中认为学生观通常是指教育者对学生的某种理解、认识和评价，是教育者一定的认识立场、视角和评价尺度的反映[2]。

关于教师的学生观，一种是从教师的视角出发，郭明慧、王后雄在《从教育的本质观谈教师应树立的教育观和学生观》中认为教育观和学生观是教师对教育教学及学生的最基本的看法和认识，是教师的世界观、人生观、价值观、发展观、人才观等在对待教育教学、学生问题上的集中反映。付忠莲在《新课程理念下学生观的再认识》中提到学生观是教师在长期的教学活动中形成的一种固有的、对学生的基本看法和观点，包括对学生的地位、作用和特点的认识。另一种是从对教师的影响出发，王本陆在《面向 21 世纪的学生观》中认

---

① 徐碧波，卢钰，项耀明. 中小学教师要有正确的学生观 [J]. 决策与信息，2016 (1)：159.
② 刘弋贝. 学生观问题的再认识 [J]. 东北师大学报（哲学社会科学版），2014 (4)：252.

为学生观是对教师的教学行为产生影响的重要因素，是教师对学生的态度和根本立场。林永柏、常若松在《论树立科学的学生观》中提到学生观是教师教育理论研究的重要组成部分，对教师的教学活动具有根本性的指导意义。

综上所述，本书认为学生观是人的脑海中对学生持有的一种看法，包括对学生的根本认识、观点和态度，属于观念范畴。教师的学生观即教师对学生的基本认识和看法，是教师对教育对象的地位、主体性、独特性、情感和特点等方面的基本认识和根本态度。

二、"新"小学学生观的特征

（一）学生的发展观

根据新课改和素质教育的价值追求，小学教师要以发展的眼光看待学生，即以一种动态的视角去看待学生的过去、现在与未来。学生的发展性体现了其未完成性和可塑性，具体包括过程性、全面性、潜能性。过程性体现在他们的品德、观念、行为习惯都在形成过程中，尤其是小学生，易受外界因素的影响，他们的发展过程不可能直线上升，是在犯错误和受挫折的过程中不断成长的；全面性指学生的发展应该是一种涵盖德智体美劳各个方面的全面发展，即"五育并举"，新时代需要的是具有综合能力的高素质人才，小学教育应与社会要求相衔接，培养具有良好学习习惯、品德优良、阳光健康、乐学善思的时代新人；潜能性指每个学生都有潜在的特殊才能，不能唯分数论。

（二）学生的差异观

传统的教育中教师采用相同的一套教学模式对待所有的学生，看似相等的模式蕴含着教育过程的不公平，孔子的因材施教理念在教学实际中没有得到正确的实践。素质教育强调每一个学生的发展，由此可知适合每个学生的发展轨迹是不一样的。遗传因素、生活环境、学校教育存在差异，每个人有独特的心理品质和内心世界。独特性是学生发展的前提，在杨柳的研究中，88%的特级教师和82%的普通教师认为每位学生都有各自的优点，即使考试方面不如别人，但一定有其他的智力与才能①。

---

① 杨柳. 小学特级教师的学生观及其影响因素探讨［D］. 南昌：江西师范大学，2014：25.

（三）学生的主体观

传统的教育中学生的地位并不凸显，学生只是教师加工的对象，强调知识本位和教师中心。素质教育强调学生在教学中的主体性。根据加德纳的多元智能理论，魏胤、胡桂英等学者提出了平等的学生观，学生具有生命的发展潜能，具有独立性。建构主义理论下的学生观认为学生是信息加工过程中的主动建构者，不是被外部刺激加工的对象。涂元玲在《论建构主义的学生观》中指出，学生是学习的主体，是不断变化发展的人，是具有独特个性的人，是具有生命力的人。刘其晴在《后现代主义视阈下学生观的反思与重建》中对工具性的学生观进行了反思和评价，并提出了后现代学生观。

以上学者的研究强调学生作为一个独立的生命体，应具有主体的地位，而不应将学生视为被动加工的产物。杜威曾说过："我们需要孩子的整个身心来创造学校，并以更加健康的体质和更美好的心灵离开校园。"[①] 本书中学生的主体观是相较于师生关系而言的，传统的教师中心论受到现代教育研究的批评，关注的焦点从教师转到学生身上，学生作为一个独立的生命体有其自身的需求，强调学生的主动性和创造性。

（四）学生的评价观

传统教育中评价学生的唯一依据是考试成绩，这种单一的评价方式过分注重学科知识表现，忽视学生差异性和个性。"新"小学应以培养德智体美劳全面发展的社会主义建设者和接班人为教育方针。《基础教育课程评价改革纲要》明确指出，要建立促进学生全面发展的评价体系。因此，对学生的评价在评价方式、评价主体、评价内容、评价指标等方面都应是多元化的。

学者杨柳从评价目的、评价方式、评价标准来分析特级教师的学生评价观，发现85%的特级教师认为考试分数是激励学生改进不足的依据，在实际操作过程中会不经意把分数作为唯一评价标准[②]。在评价方式上，"日常观察""考试与测验成绩""作业质量""成长记录袋"最为常用。饶跃进从后现代主义学生观的视角提出对于学生评价问题，宜运用各种评价方式相结合的评价体系[③]。因此，现代的学生评价观是多元化的，将过程性评价和终结性评价相结

---

① 约翰·杜威. 学校与社会 [M]. 彭汉良，译. 武汉：长江文艺出版社，2023：23.
② 杨柳. 小学特级教师的学生观及其影响因素探讨 [D]. 南昌：江西师范大学，2014：32.
③ 饶跃进. 后现代主义学生观的反思与理性回归 [D]. 南昌：江西师范大学，2013：22.

合，同时，学生的日常表现也列入评价标准内。

三、"新"小学学生观的应用

（一）坚持教育引导为主，强化学生的规则意识

首先，小学教师应意识到小学生的身心发展水平较低，判断事物对错能力有局限，面对犯错误的小学生，不能一味地责备，惩戒不是教育的目的，而是要不断引导，正面教育，让学生认识到自己行为是不恰当的。其次，教师在日常教学活动中应该培养学生的规则意识，明确规则的内容要求和标准，重视教师言传身教的榜样示范作用，营造良好的校园文化氛围。在学科教学中加强渗透规则意识，开展专题教育活动，鼓励学生参与规则制定，加强协同育人，增强教育合力。

（二）了解和研究学生，发掘学生的独特性

第一，教师只有充分地了解和研究每一个学生，才能在教育教学和生活中做到因材施教。苏霍姆林斯基说："不了解儿童，就无法成为教育者。"[①] 了解学生的渠道是多样化的，一是从书面材料了解学生，如从周记、学生的作品、档案资料中对学生的基本信息有大致了解；二是在活动中了解学生，对学生的表现进行一般性了解，如学生的兴趣爱好和性格特点；三是在与学生的交往中了解学生，师生情感的交流能促进相互了解和信任；四是在调查中了解学生，对于新接手的班级，教师可以访问前任班主任和任课教师了解学生情况。

第二，要发掘学生的独特性，长善救失。一是在了解学生的基础上对每个学生设置合理的目标和要求，着眼于学生的最近发展区。目标本身能给学生带来激励的心理效应，应设置学生通过意志努力能够达到的目标。二是设置多样化的目标，每个孩子的潜能有差异，教师应关注学生的闪光点，在相应领域给予学生更多的建议，强化学生的长项。

（三）坚持学生的主体地位

第一，学生在教学当中处于主体地位，教师应意识到自己的职责是教书育人，与以往"填鸭式"的教学模式不同，所有的知识技能都必须经过学生认知

---

① 苏霍姆林斯基. 把整个心灵送给孩子 [M]. 毕淑芝，译. 北京：人民教育出版社，2023：5.

系统的信息加工才得以内化，教师不能代替学生思考和学习。

第二，学生作为一个独立的人，有受教育的权利和义务，也受法律的制约和保护，教师要处理好学生的自由和限制的关系。小学生虽年龄尚小，但其主体地位不能剥夺，小学教师应充分认识到小学生的主体性并在日常教学活动中得到体现。

第三，人本主义理论下的学生观认为学生有自身的情感、态度、价值观，强调人性的解放和外界对学生群体的关怀。基于此，小学教师要尊重和爱护小学生，坚持以人为本，不能随意打骂小学生，对待小学生的态度要一视同仁，不能差别对待，更不能以学科成绩高低判断优劣，与小学生要真诚友好地交流，重视他们的想法和建议。

第四，班级管理要让小学生参与进来，如组建班委，设立小组长负责制。学生是班级的小主人，班级的每个学生都有岗位。学生参与班级管理，一是可以拉近个人与班级的关系，提升班级凝聚力；二是可以提升自我管理的能力；三是减轻班主任的工作负担；四是充分体现教师对于学生的信任，有利于拉近师生关系。

第五，强调小学生的主体性不等于削弱教师的主导作用。小学生与教师在人格上是平等的，但在知识和阅历上是不平等的。小学生自主学习能力和自控能力较弱，过于放宽教学活动的权限极容易导致教学的混乱和低质量，所以在教学活动和班级管理上仍需要教师加强组织和引导。

（四）坚持多元化的学生评价

学生评价是指根据一定的标准，通过使用一定的技术和方法，以学生为评价对象所进行的价值判断。

第一，在评价原则上，教师要意识到学生评价的功能不仅仅是揭示学生学业目标的达成度，还具有教育功能，即学生评价为教学活动的有序进行提供反馈信息，是教学工作的一部分，本身具有教育性和发展性，体现育人的本质。评价不是唯分数论，也不是教师的一家之言。因此，教师在进行学生评价时要坚持导向性原则、科学性原则、公正性原则、建构性原则和多元化原则。

第二，在评价方式上，将静态评价和动态评价相结合、过程性评价和终结性评价相结合。教师在进行学生评价时，不仅要看学生书面成绩，还要将学生的日常表现纳入考量的范畴。静态评价恰似精准的"快照"，以标准化测检、定期考核等形式，定格学生知识掌握的瞬间状态。动态评价则如全程"记录片"，聚焦学生学习过程中的思维进阶、能力成长。教师在执行学生评价任务时，绝不能仅盯着学生的书面成绩论高低，还必须把学生的课堂互动积极性、课后作业完成质量、参与活动的投入度等日常表现全方位纳入考量范畴。

第三，在评价主体上，传统教育中学生评价的主体是教师，新时代的学生观主张学生评价主体的多元化。一是教师评价。教师应根据一定的规则对学生的期末成绩和日常表现进行综合评价。二是学生自评。小学阶段的学生已经可以进行自我评价，自我评价可以让学生积极主动地参与到课堂教学当中，反思自己的学习过程；教师也可以通过学生所提交的自我评价内容进行具体分析，从而了解学生对于不同教学内容的掌握程度。由于小学生知识水平和自我认识有局限，在自评阶段可能会出现感性化的趋向，所以教师要注意引导学生进行更加恰当的自我评价。三是家长参与评价。教师可以给家长一份量表，填写学生在家的学习生活状态，包括做家务的积极性、做作业的自觉性等。

第三节 "新"小学的教师观

强国必先强教，强教必先强师。我国高度重视教师队伍建设，强调把加强教师队伍建设作为建设教育强国最重要的基础工作来抓。立足中国特色社会主义新时代，教师观更加关注教师与学生在相互期待中构建和谐关系。与学生实现心灵沟通、情感交流、生命成长和幸福共长，是教师形成正确教师观的躬行之道。

一、有利于学生的个性培养

个性主要指个人情感活动和意志行为活动方面所表现出来的特点，特别是性格、气质、兴趣和能力方面的差异性[1]，个性与个体对外界事物的认知、处理方式密切相关[2]。

关怀可以使学生变得开朗、乐于交流、心中有爱。低段小学生初入小学，对环境感到陌生，有部分学生胆量较小，依附性较强。教师作为学校班级的管理者和学科教学者，不能只关注学生上课的情况，还要关注学生的课间活动、生活能力等。同时，教师对于个别性格孤僻、胆小或好动的学生，要选对方

---

[1] 沈渔邨. 精神病学 [M]. 3 版. 北京：人民卫生出版社，1991：150—151.
[2] 郭念锋. 心理咨询师（上）[M]. 北京：民族出版社，2002：230.

法，不可操之过急，要循循善诱，以利于学生的个性向积极方向发展，防止不良社会行为的发生。

二、有利于教师人性化的发展

教师关怀观将教师放在教育引导者的位置来积极开展教育教学工作。教师关怀观使教师感受到学生的需要，人与人之间的温暖，教师不再是以往学校规章制度的冷冰冰的"传达者"，也不是只关注学生成绩的高高在上的"黑脸人"，更不是下课就不见踪影的"代课教师"，而是关怀发出者与关怀接受者。教师将学生的发展、师生关系、日常管理等有意识地、自觉地纳入教师专业发展、学校管理工作中，给予班级学生平等的关怀，包括情感上的、生活上的、学习上的关怀等，教师成为关怀发出者。同时，学生、家长和学校其他人对教师的关怀给予反馈，例如，语言感谢、学习进步、友好关系等，教师成为关怀接受者。

三、有助于师生双方确立生命价值

教育的着眼点和基础离不开人性的关怀，其本质在于增进人类的生命力。良好的教师观，有助于提升教师的关怀能力：关怀学生学科知识的掌握，关怀学生课后的学习和生活；关怀学校整体的发展，关怀社会对教师职业的期望；关怀自身教学素养的提升，关怀终生学习的时代要求。关怀使教师不再局限于教授知识，而是给予学生自然又真诚的关怀，促进学生对自己的认知；教育学生用温柔的眼光去爱自己、暖他人、看世界，让学生成为一个有"人情味"的人，学生反馈以教师关怀，发自内心地尊重、爱护教师，进一步增进教师的职业认同——使教师心中有大爱，眼里有星光。

四、有助于实现道德教育的目标

教师对学生的点滴关怀影响着学生的成长。在德育培养中，教师为施教者，学生为受教者，师生双方在知情意行等方面相互作用和影响。在学生的思想品德教育过程中，教师不仅具有激发、引导、评价的作用，更具有极大的感染、示范和熏陶的作用①。在小学阶段，学生具有可塑性和向师性的特点，但由于他们的成长环境不同、品德结构有差异，对教师的思想品德教育具有不同的选择和接受程度。有些学生认同课程和教师的观念，敞开心扉；有些学生认为教师讲授的与自己接受的家庭教育不一样，不接受学校的德育教学，思想的大门紧闭，使德育工作难以开展。如果教师树立关怀观，对学生倾注真情实意，真诚开导，让学生感知到教师的温暖和挚爱，那么，他们对教师就会产生依恋、尊敬、理解和信赖感，同时，学生会欣赏和认同教师的言行、观念，喜欢教师的授课。

可见，在德育培养的过程中不可轻视教师的行为观念对学生的重要作用。教育中的各个要素，由师生情感联系起来，会形成强有力的教育合力，促进学生向积极方向成长。教师关怀观会使教师周围形成强有力的"场"，吸引并感染着学生②。学生也在教师知识和情感的作用和影响下，乐于听从教师的教导，甚至会模仿教师的言行，按教师的期望去发展。

五、有助于构建充满关怀的校园文化

美国的华勒先生在 1932 年出版的《教育社会学》一书中谈道："学校文化就是学校发展过程中形成和积淀的师生认同的群体价值观和核心理念，更是学校发展和学校管理的灵魂。"③ 校园文化反映着一个学校的精神面貌，决定了学校的凝聚力和发展内涵。学校作为教师的重要工作场所，是教师的第二个家。在学校，学生能够感受到教师的鼓励和爱、理解和宽容、认可和支持，教师能够感受到学生和校园的纯粹、真诚、尊重和支持。在关怀有爱的文化氛围中，教师之间团结互助、互爱向上；师生之间，充满关爱、真诚，这种学校氛围使大家感到舒适惬意，产生一种催人向上的力量，从而把校园全体师生凝聚在一起，调动校园一切资源，促进教师与学校共育共长④。

---

① 姚晋. 成都名小学学校文化建设策略研究 [D]. 成都：四川师范大学，2015.

② 张誉川. 浅析小学学校文化建设 [J]. 亚太教育，2016 (1)：224.

③ 范方昆. 培训学校关怀型师生关系的建构研究——以 C 市 W 学校为例 [D]. 长春：东北师范大学，2018：18—19.

④ 张雪珍. 重视师生关系在小学德育过程中的影响 [J]. 上海教育科研，1990 (5)：2.

第四节 "新"小学的家校观

2021年7月，中共中央办公厅、国务院办公厅印发了《关于进一步减轻义务教育阶段学生作业负担和校外培训负担的意见》，其目的是通过提高学校教育质量，减轻学生作业负担与校外培训负担（即"双减"），提供多样高效的课后服务，以促进学生的均衡全面发展，并更多地与学生的家庭进行联动教育。家校共育的小学教育生态已成为"新"小学的常态，也是"新"小学的"新"之所在。有效的家校协作是学校教育教学和管理高质量运营的保障。

一、"新"小学家校观概述

2012年教育部发布《关于建立中小学幼儿园家长委员会的指导意见》，是我国规范家校协作的第一份专项文件，也标志着我国家校协作正式走向制度化建设。2021年《中华人民共和国家庭教育促进法》的颁布，体现了家校协作在学校教育生态中的地位与价值的提升，其本质是对学生观的转变，更加注重"以生为本"。

家校观是涉及学校对家校协作认识的观点和看法。何谓家校协作？西方，关于"家校协作"的说法比较常见的有："家长参与"（involving parent 或 parent involvement）、"家长参与决策"（parent participation）、"教育介入"（education intervention）、"家校合作"（home－school cooperation）、"家长－教师合作"（parent－teacher cooperation）等。美国从事问题学生研究的著名专家范德格里夫特和格林则提出家长参与的两个重要因素，即内在的积极态度（如家长会的期望）和外在的行为特征[①]。家校协作有助于磨合家长和教师的教育观念和更新教育方式，为双方的育人角色趋向自我完善创造条件[②]。但目前我国小学家校协作还存在着忽视学生承压能力的主体权利越界、合作内容和形式较单一导致的家校协作长效运行遇阻，以及家校协作效果评估不完善等问题。

[①] 邹强. 国外家校合作问题研究及其启示［J］. 教学与管理，2011（10）：86.
[②] 黄河清，马恒懿. 家校合作价值论新探［J］. 华东师范大学学报（教育科学版），2011（4）：25.

二、"新"小学家校观面临的现实困境

（一）家、校、社协同育人主体的职责定位不清晰

凝聚育人合力，实现协同效应是当下学校发展的大趋势。学校教育要完成立德树人的根本任务，离不开学校、家庭、社会的协同与联动。然而目前，学校缺乏与家庭、社会协同育人的主动性，家庭、社会也缺乏协同育人的观念。育人工作不仅仅是学校的责任，也是社会全体成员共同的责任。目前，学校、社会协同共育的效果并不理想，学校更多地将立德树人限于校内和课堂，忽视家庭和社会实践的力量。社会对于参与协同育人的认知不足，即便校内的立德树人工作得到了有效的开展，校外的德育工作却没有受到应有的重视，学校、社会参与协同育人的理念没有深入人心，家、校、社育人主体的职责定位不够清晰。

（二）家、校、社协同育人的资金保障不到位

无论是学校教育还是家庭教育、社会教育，都蕴含着丰富的育人资源。目前各类主体的育人资源的挖掘还不充分，同时各类主体的育人资源还未得到有效的整合，育人合力的作用尚未充分展现。一方面，当前协同育人缺少专门经费保障，没有明确投入标准和经费来源，以用于平台建设、资源开发、家校协作或家庭教育指导服务活动开展等方面。另一方面，家、校、社三方资源未得到有效整合和盘活，无法为育人工作提供资源保障。

（三）家、校、社协同育人的机制不健全

家、校、社协同一体，共同参与育人机制的建设，是顺应时代发展需求，构建协同育人格局的有效途径。目前，家、校、社协同育人的管理机制和交流合作机制不够健全。伴随着我国的改革开放，文化多元的冲击必然会导致诸多新问题与新情况出现，带来诸多困惑与矛盾。一方面，在传统教育思维的影响下，各育人主体对协同育人的认同度不高，积极主动参与沟通的意愿不强，切实有效地沟通协同难以实现。要改变这种现状，提高整个育人主体对育人工作的认同感，推动各育人主体有效参与到育人环节中来，离不开切实有效的管理机制。现行的协同育人机制还不健全，相应的明文规章制度，如检查评估机制、奖惩制度等还未健全，家、校、社协同育人的制度保障还有待加强。另一

方面，家、校、社协同育人交流合作机制不够健全。目前，家、校、社合作机制尚不健全，各育人主体之间缺乏沟通合作的渠道和平台，难以形成育人合力。社会协同育人的交流沟通不够充分，课内课外、校内校外的交流合作机制尚不健全，相应的保障制度尚未完全建立，家、校、社之间进行合作交流的机构组织尚未建立起来，交流合作难以实现、沟通渠道不畅通。

三、"新"小学家校观的未来趋势

（一）激励家庭参与的内生动力

学校与家长共同制定家校协作活动的时间表与相关内容，充分激活家长资源。例如，邀请有医学相关背景的家长进行健康科普，邀请新闻相关专业的家长指导学生活动。

（二）追求人的完整和幸福的价值导向

"家校合作，有把家庭变为第二课堂，把父母变为老师助教的倾向，似乎一切围绕学校教育转、以学校教育为中心就是家校合作的成功"[1]。这种观点是学校中心主义的体现，是无视家庭与家庭教育特点和规律的体现，也是忽视人追求一种完整而幸福生活需求的体现。家校协作的方向不是让家庭变为学校，而是让家庭更像家庭。

（三）智慧教育助力家校共育新模式

随着互联网的智能化、移动化，家校协作方式也在信息技术的支持下发生着巨大的变化，移动网络使得人们可以在任何地点与任何人在任何时间进行交流和沟通，这在一定程度上为传统的家校协作提供了发展机遇。基于移动设备的家校协作模式由此而生，其结合"家校协作"与"移动网络"各自的优势，为信息化建设下的家校协作平台提供了明确的发展方向，构建了学校与家庭之间的沟通桥梁，为解决学生教育问题提供了更加广阔的空间，也促进了现代信息化教育的发展。

---

① 王庆环. 别把家庭变分校！[N]. 光明日报，2018-01-23（8）.

第五节　天府一小的"雅正"办学理念

世界正面临百年未有之大变局，在新的历史起点上，面对复杂变化的世界，国家提出新的教育发展战略，办人民满意的教育是时代的呼唤。百年大计，教育为本，而什么是人民满意的教育？四川天府新区做出的回答是：办公平而优质的教育。四川天府新区按照"公民融合、纵向贯通、横向联盟、一校两制"的工作思路，先后成立了四川天府中学教育集团等五大教育集团。天府一小作为四川天府中学教育集团小学部的首届牵头学校，也是基础教育教学改革的先行者，以创新组建"发展共同体"治理结构为基本途径，本着"名校引领、资源互通、整体联动、共治共享"的发展理念，各方优势综合发展，全面提升办学质量。

天府一小自 2017 年建校以来，为顺应时代要求和区域需求，确立面向未来的学校定位——以"幸福共长中心体"作为办学理念。以"雅正"文化，引"中心体"幸福之源；用现代治理，实"中心体"共长之基；行"雅正"课程，筑"中心体"共长之纲；强"博雅"教师，固"中心体"共长之本，不断构建立体开放的办学格局，向着高质量教育追求的奋起之路探索前行。

在"幸福共长中心体"办学理念的指引下，学校努力成为统整多方资源、服务多类人群、满足多元需求的教育生活中心，具有服务对象集合、服务功能集约、服务资源集成三大特点。其一，服务对象集合。学校不仅仅是学生的学校，也是教师的学校、家长的学校、与校缘聚的人的学校。以学生成长为中心，教师是学生成长的优质陪伴者和师生共长的学习者，家长是学生成长的深度参与者和亲子共长的学习者，社会人士是学生成长的有力支持者和自我成长的学习者。其二，服务功能集约。学校不仅仅是传道、授业、解惑的地方，更是统整教育生活的综合性服务体，聚合教育服务、艺术展演、体育竞技、科技交流、劳动实践等多门类、多形式于一体的文化、信息集散中心和一站式学习平台。其三，服务资源集成。学校不仅负责"学习行为产生"，还要整合用于"学习关系支持"的各种资源，即吸附社区、社会资源共建保障学校高质量发展和实现自我进化的"外循环造血系统"。

幸福共长的核心是"过一种幸福完整的教育生活"，突出教育的生活属性，让学生、教师、家长与关注教育的人，实现共同成长。

第二章 "新"小学的发展与规划

　　教育是国之大计、党之大计，教育是涉及全国和全人类的共同事业。加快教育现代化进程、实现教育强国是一个长期目标，需要从长计议，必须绘制蓝图，锲而不舍，久久为功。科学合理地设计学校发展与规划，能够有效指导学校教育教学活动，为提高学校办学质量打好基础，进而办好让人民满意的教育，为实现新时代教育现代化目标提供基础保障。

　　近年来，许多小学在制定学校发展与规划的过程中还存在着许多问题，亟待解决。党的十九大报告指出，"经过长期努力，中国特色社会主义进入了新时代"。新时代是人民对美好生活需要不断增长的时代，随着生活水平不断提升，人民对美好生活的追求趋于全面而深刻，体现在教育领域就包括对高质量教育的追求，对高水平教师的追求和渴望，对教育改革促进未来社会人才发展的不断探究。党的十九届五中全会也明确提出，"十四五"时期要"建设高质量教育体系"，而学校是完成教育教学任务的直接途径，是推动高质量教育目标实现的重要力量。因此，我们提出，在新时代背景下，要探索"新"小学的发展与规划，一方面学校发展与规划必须以国家教育发展战略为导向，聚焦高质量教育体系建设，以全力提升学校教育教学质量为目标；另一方面，学校必须依据自身发展优势，落实国家和学校教育发展与规划，为建设人才强国贡献力量。

第一节 新时代背景下小学的发展与 规划的问题、原因分析

　　《中华人民共和国国民经济和社会发展第十四个五年规划和2035年远景目标纲要》提出建设高质量教育体系，这为我国发展教育事业指明了根本价值追求和发展方向。对小学而言，制定好学校发展与规划，有效提升小学管理效能，促进学校教育教学高质量发展，是激发学校发展的内生活力的重要基石。

学校发展与规划作为建设高质量教育教学的根本与前提，是强有力的重要保障。学校发展与规划是指以学校为发展目标主体，根据学校的现状、环境等基本情况进行系统诊断和分析，结合学校的实际需要、特点和办学理念，确定学校的愿景、使命和发展目标，制定具体的操作措施，促进学校变革与发展的方案文本。

近年来，许多小学在制定学校发展与规划的过程中仍然存在不少问题，我们结合查阅的资料和实践经验中特别容易出现的问题进行针对性分析，以期为新时代背景下小学的发展与规划提供依据。

一、新时代背景下小学发展与规划的问题

（一）集体参与度不够

学校发展与规划多数由校长和学校中层干部共同制定，经过学校职工代表大会讨论或是外聘专家协助，从而制定学校发展与规划，抑或是不经讨论就直接公布。参与制定学校发展与规划的人员比较单一，未能满足部分成员的实际需求，阻碍学校的整体发展，从而达不到学校教育教学质量的最优化。在学校共同体中，校长是主要的领导者，不是发展与规划唯一的决策者。在学校发展与规划制定的过程中，校长要尽量充分调动大家参与的积极性，如教师、学生、家长和社区相关单位等利益相关者，此时校长起着对学校整体发展的统筹领导作用。

（二）对当前学校的情况分析不够深入

在制定学校发展与规划之前，需要对当前学校的现状和环境等进行系统的诊断和分析，了解当前学校的基本情况，进而能够在此基础上确立相应的符合学校发展的目标。查阅大量的资料后，我们发现有些学校的发展与规划文本很少对自身现状进行分析，仅仅寥寥几笔，有些甚至一笔带过，未能深刻地、系统地分析其历史、环境、困境、机遇、挑战等关键因素。如有的学校是这样论述发展与规划背景的：经过多年的努力，本校的各项管理工作有了质的飞跃，取得了一些成绩，教育教学质量逐步提高，教师敬业爱岗，乐于奉献。这样的现状分析根本不足以让研究者挖掘出切实有用的信息。

（三）发展目标和措施不够具体

当前，学校发展与规划制定中最严重的问题是目标的表述笼统宽泛，不够明确，不够具体，这样的目标难以实施和评估。如部分学校将学生的培养目标仅描述为"促进人的全面发展""实现人的'五育并举'""发展核心素养"等，只是把学生定位为"全面和谐发展的社会主义建设者和接班人"，把教师的发展目标定位为"进一步提高教师素养的专业化水平"。这样的目标过于宽泛，难以评估，需要进一步细化，便于实施。发展目标和措施是学校发展与规划的中心点和重点，其指导思想、规划细则、安全保障措施等都是服务于目标的实现，都是围绕目标而展开的。

（四）规划实施缺少中间评估，难以及时调整

目前，部分小学在制定学校发展与规划的过程中太过注重文本的编制，而不够重视目标的有效实施和效果评估，未能预判执行过程中可能会出现的问题，未能规划好相关的内容并及时对其做出相应的调整。执行过程中评估工作的不到位，不仅影响本期规划的实施效果，还会导致师生和相关成员对学校的未来发展与规划失去信心，进而导致学校发展与规划沦为"抽屉文本"。

二、新时代背景下小学发展与规划问题的原因分析

（一）参与学校管理的意识薄弱

在制定学校发展与规划中，相关者往往认为这是学校管理者的任务。然而事实上并非如此，学校发展的每一步都与学校管理者和学校每一位成员息息相关。一个学校良好的发展蓝图，不仅要靠学校管理者的用心规划，还要靠学校教育相关者的积极谱写，根据校情、师情、生情和家长情等因地制宜地有效实践，从而有利于学校所有的教职工、学生和家长共同发展。但是多数教育相关者都不把自己定义为学校的主人，在制定学校发展与规划中，存在只需完成自己任务的误区，他们认为学校的发展成果与自己关系不大。同时，学校管理者也很少会意识到这些人参与制定学校发展与规划的重要性。因而学校发展与规划基本上由校长和校长指定的管理者来制定，缺乏学校自身的生命活力。

（二）规划制定者认为现状分析不重要

部分学校制定发展与规划时对现状分析不够深入，主要是规划制定者觉得这一部分不重要。他们认为学校发展与规划应该以学校未来办学目标和愿景分析为主，而对现状分析简而言之即可。既然认为现状分析不重要，就不需要花费大量时间和精力对学校的历史文化、环境等方面进行深入分析，而关于学校的现状，以基本情况和某一段时间的工作成果呈现即可。现状分析不够深入最根本的原因是思想上的不重视。

（三）规划制定者不够务实

学校发展与规划制定者在制定时只想着定下目标，没考虑到目标是否合适及能否实现等，导致发展目标和措施不够具体。问题成因主要是规划制定者不够务实，缺乏对学校实际情况的分析，未能依据现实条件确定适合学校的未来发展目标。众所周知，要制定出合适且具体的发展目标和措施需要下一番功夫，要以深入分析现状为基础，但部分学校发展与规划制定者并没有这样做。

（四）影响学校发展与规划制定的外部因素

在当前的社会背景下，学校办学自主权的改革尽管得到了政府的大力支持，但是事实上因为教育行政部门具有人力、财力的决定权，这就会影响学校发展与规划的制定。一是学校自主办学会受到国家和区域教育发展的政策影响，自身无法规划未来的发展方向，或者自主办学有局限性。例如，义务教育均衡发展评估、学前教育发展示范区评估等，这些活动在某种意义上会占用大量时间和精力，从而耽误实际工作的进度。二是经济、社会和教育发展的不确定使得规划的制定者难以预测未来的发展趋势。例如，城市的扩张、农村城镇化的进程、三胎政策的开放等宏观政策的影响，不管是城镇还是农村的教育政策和学校的组织都处在急速的变革过程中。三是高层管理人员如校长、书记等流动太快，使得发展与规划的持续性大打折扣，一旦主要规划者流动频繁，那么学校的发展与规划就无法有效持续进行下去，有些甚至会停滞或者直接被新任的管理者推翻。因此，管理者不定时的流动性会在一定程度上影响其制定学校发展与规划的积极性。

第二节　"新"小学的发展与规划的理论探讨

随着教育改革的不断深化和教育事业的不断探索,学校发展与规划特别是小学的发展与规划需要不断充实和完善。《中华人民共和国国民经济和社会发展第十四个五年规划和 2035 年远景目标纲要》明确提出构建高质量教育体系。而如何通过学校发展与规划推动教育高质量体系构建,是当下基础教育改革研究的重要工作。科学合理的发展规划,关系到教育质量的提高和学校的长足发展。

针对部分小学在制定学校发展与规划的过程中存在的问题,本研究提出在新时代背景下,要探索"新"小学的发展与规划。因此,本小节从"新"小学的发展与规划的含义入手,梳理了"新"小学的发展与规划的特征、基本内容、基本方法、价值,以及制定原则。

一、"新"小学的发展与规划的含义

要做好新时代背景下的小学发展与规划,首先要明确小学发展与规划的内涵是什么。要明确小学发展与规划的内涵,需要厘清小学发展与规划之间的关系。

长期以来,由于审视角度和关注内容的不同,学校发展与规划的内涵在学术界尚未形成统一认识。哈格里夫和霍普金指出:"学校发展规划是为了学校的发展、管理变化而采取的必要行动,是对学校发展过程进行描述且更为规范化的一种解释,是施加给学校的一种具有创造性的革新方式。"[①] 晏清才和龚春燕认为:"学校发展规划是指:在学校层次通过自下而上的方式,广泛征求社区群众的意见,由学校和社区自主制订的关于学校未来发展的计划,包括学校未来三年要达到的主要目标和每一年的行动计划。"[②] 姚美琴提出,"学校发展规划,是以学校为发展主体"[③]。陈向阳认为学校发展规划主要是强调通过

---

① Hargreave, Hopkin. Quality assurance in education: plans, targets and performance indicators, Current issues [D]. University of Sirling, 1993: 6.

② 晏清才,龚春燕. 实施学校发展规划促进农村基础教育发展 [J]. 中国教育学刊,2006 (7): 30.

③ 姚美琴. 学校发展规划问题与对策 [J]. 中小学管理,2005 (11): 8.

制定和实施发展规划来实现学校教育质量的提升与发展，是一种政府间接管理学校的较好方式，是指一所学校根据国家或地区教育发展战略规划的要求，结合自身条件，对学校未来三至五年内要实现的主要目标和发展路径等所做出的具体安排①。陈建华认为，学校发展规划是指学校通过自上而下和自下而上相结合的方式制定的关于学校未来发展的规划，是学校为应对教育变革和教育发展的双重挑战，通过学校共同体成员的努力，系统地诊断学校的原有工作基础，确立学校的办学方向和发展目标，选择学校优先发展项目并制订相应行动计划，促使学校挖掘自身潜在资源，提高学生学习质量和学校管理效能的执行过程②。

结合已有研究，本研究认为"新"小学的发展与规划的含义是：在高质量发展学校教育事业的政策统筹下，以立德树人、全面发展，以人为本、协调发展，继承传统、创新发展，终身学习、融合发展为指导理念，倡导小学组织成员共同参与，通过对小学发展近况的系统分析，最大限度地调动多种积极因素（人力、物力、财力），致力于小学全面发展，以实现预期目标的整体性规划。

二、"新"小学的发展与规划的特征

小学发展与规划作为学校发展与规划的下位概念之一，既具有学校发展与规划的基本特征，又与中学发展与规划、大学发展与规划、职业学校发展与规划等有所不同，具有自身特殊性。概括地说，小学发展与规划具有以下特征。

（一）动态过程

越来越多的学者认为学校发展与规划不仅仅是一纸文本或一个方案，更是发展变化的动态过程。哈格里夫和霍普金认为，学校发展规划是为了学校的发展、管理变化而采取的必要行动，是规范化的过程③。楚江亭强调："学校发展规划是持续行动的过程。"④ 练丽娟、叶丽娜、郭景扬指出："学校发展规划是一种着眼于学校长期发展的战略性规划，是一种动态生成过程。"⑤ 相对于

① 陈向阳. 学校发展计划基本原理与操作规程［M］. 桂林：广西师范大学出版社，2009.

② 陈建华. 中小学发展规划［M］. 北京：北京大学出版社，2013：51.

③ Hargreave，Hopkin. Quality assurance in education：plans，targets and performance indicators，Current issues［D］. University of Sirling，1993：6.

④ 楚江亭. 学校发展规划：内涵、特征及模式转变［J］. 教育研究，2008（2）：83.

⑤ 练丽娟，叶丽娜，郭景扬. 学校可持续发展之路：学校发展规划的制定与实例［M］. 上海：学林出版社，2009：6.

其他学校发展与规划，小学发展与规划的动态性更为显著。小学发展与规划要协调好阶段目标和终极目标的关系，注意及时调节变化。这一特征要求小学发展与规划制定和实施要注意其动态性，保持弹性，在动态过程中做好相关工作。

（二）系统规划

史卫东强调，学校发展规划要系统分析学校的原有基础及学校所处的发展环境，发现学校的优先发展项目，确定学校的发展方向、办学目标①。陈建华认为，学校发展规划需要系统诊断学校的原有工作基础，进而确立学校的办学方向和发展目标②。小学发展与规划是牵涉面很广的系统性工作，为了达到小学发展与规划效果最优化，其制定、实施需要以全局视角切入并进行系统规划。

（三）全员参与

小学发展与规划是群体智慧的结晶，而非某一人或某一部分人员意愿的体现。李晶指出："学校发展规划应该是学校组织内部成员关于学校未来发展方向和路径的共识，应该以最大公约数来体现全体组织成员的立场，并兼顾其他利益相关者的立场，需要学校组织成员和利益相关者的共同参与来保证其民主性。"③ 小学发展与规划的制定和实施需要全员参与，充分调动教育部门人员、学校管理者、社区人员、校友代表、教师、家长、学生等各方力量。

（四）自主发展

楚江亭认为："学校发展应是一种自主的过程，尽管外在的帮助是必要的，但这种帮助不能演变为对学校人员思想、能力以及积极性等的压抑或控制，唤醒学校教职员工、社区人员的自主性以及相应的意识、责任和创造力等，才是实现学校发展的关键因素。"④ 田继中提出，学校发展规划的特征之一是自主性，通过制定与实施学校发展规划，最真切地表明了学校自身的觉醒，体现为高度自觉，真正的能动，促进学校由以往的被动发展变为主动发展，变"要我

---

① 史卫东. 制定学校发展规划之我见 [J]. 基础教育参考，2010（16）：29.
② 陈建华. 论学校发展的后继规划 [J]. 教育发展研究，2013（2）：47.
③ 李晶. 开局之年：如何科学编制学校发展规划 [J]. 辽宁教育，2021（12）：96.
④ 楚江亭. 学校发展规划：内涵、特征及模式转变 [J]. 教育研究，2008（2）：83.

发展"为"我要发展"①。由于小学所处环境和亟须解决的问题不同，小学发展与规划并无固定模式可以复制。各个小学需立足于自身发展状况和特色需要，既要借助外在条件，也要注重内部自我发展，制定特色鲜明、亮点突出的小学发展与规划。

三、"新"小学的发展与规划的基本内容

关于学校发展与规划的基本内容，如何理解其内涵及设计呢？对于这一概念的理解，首先要认识"学校发展与规划"。学校发展与规划是指"一所学校根据国家或地区教育发展战略计划的要求，结合自身条件，对学校未来三至五年内要达到的主要目标和发展途径的计划"②。基于此认识，学校发展与规划定义为基于国家教育发展规划，根据学校发展目标而设计的学校发展综合性方案；学校发展与规划的基本内容即在国家教育目标指导下，围绕学校发展目标制定的学校发展综合性方案内容。

有学者认为学校发展与规划文本的设计是关键，必须始终关注"愿景、文化、时机这三个要素"③。还有学者指出，学校发展与规划以愿景、目标为基础，分为核心和辅助两个部分。核心部分包括学校的课程、教师④。此外，需要设计出科学、合理、高质量的学校发展与规划的基本内容，描绘好学校发展的蓝本，其不可脱离实际、漫无边际，且需要进行重点分析。第一，分析学校发展背景。对学校所处时代的政治、经济、文化等社会环境进行深层分析，明晰时代发展现状和趋势，牢牢把握教育发展的契机。第二，分析学校自身特点。要认识到学校在地理环境、物资设备、校园文化、教师团队、课程开发、学生、家长等方面所具有的条件，并充分利用优势，将优势发挥到极致，为学校的良性运行和协调发展贡献力量；同时也要正确认识自身发展的劣势，全面客观地认识自己，才能制定出科学合理的学校发展与规划。第三，分析学校发展历史。学校发展历史承载着丰富的物质文化和精神文化，是一笔无形的财富。因此在制定发展与规划时要分析这笔资产是否能够顺应时代发展，如何得到师生、家长的认同，以及如何为学校创造价值，推动学校面向未来。第四，分析相关群体利益。学校发展涉及多个主体的利益，从学生到教师、从家长到

① 田继忠. 学校发展规划：意蕴、制定与实施 [J]. 教育学术月刊，2012 (5)：58.
② 陈如平. 管理创新与学校发展 [J]. 教育科学研究，2003 (6)：19.
③ 孙军，程晋宽. 学校发展规划的理论构架分析 [J]. 现代教育管理，2012 (11)：36.
④ 王俏华. 英国中小学学校发展规划的内容研究 [J]. 外国中小学教育，2008 (6)：18.

社区、从学校到学区，都要充分重视。

四、"新"小学的发展与规划的基本方法

（一）共建多元参与的共同体，实现教育效益最优化

学校管理者在制定学校发展与规划的过程中应改变原有制定规则，把专家、教师、学生、家长、社区相关单位和公共服务机构等共同体成员纳入制定的范畴，了解他们的实际需要和当前最想解决的问题，认真听取大家对未来学校规划的建议，将这些建议纳入学校发展与规划的目标。比如，考虑到人数较多，信息收集具有一定的复杂性，可以采取问卷调查的方式进行信息收集。或者从中选举代表进行发言，把代表的意见反映给管理者。在制定学校发展与规划的过程中，管理者应统筹兼顾各类人群的意见，实现利益最大化和利益平衡。规划制定出来后，需召开职工代表大会进行讨论、共同修改以及进一步完善。

共建多元参与共同治理的新格局，实现教育效益最优化，是现代教育制度的重要组成部分。天府一小将这一重要组成部分融入第一个五年发展规划，其职能远远超过学校本身职能，不仅是实施教育的地方，还是区域改革和发展的领跑者。为实现这一目标，天府一小创新学校管理路径，实施党支部领导的校长负责制，避免权力滥用，确保决策智慧；创建"扁平组织"，确保运转高效；五大会议顶足而立，确保民主监督；严格落实制度、考评体系，确保依法依规；做好三阶成长规划，确保持续发展。因此，学校发展与规划的制定要与社会生活、社会实践相联系。教育的本质即回归生活，不但要让教材知识源于甚至贴近学生的生活，而且要让学生将学习到的知识回归到生活中，从而解决生活中的真实问题，改变和提升自己的生活。

（二）重视规划工作，落实学校规划要有新的重点

学校发展与规划是学校以自身为目标主体制定的包括指导思想、战略目标、战略重点和保障措施等的系统方案，其最重要的特征是战略性，即从战略的高度去规划未来。这就要求全校教职工特别是校长要站得更高、看得更远，真正立足长远谋划学校的发展，确定当前学校新阶段的发展重点。以天府一小为例，其办学愿景为"天府小学校，蜀中大雅堂"，创新实施"雅正"课程体系，通过学生课程、教师课程、家长课程，关注全体人的全面发展，旨在实现

"大雅堂"。学生、教师、家长在学校搭建的学习通道中共同成长，形成学习共同体，聚合学习磁场的过程，就是"共长"。学校的建筑面积虽不大，但有学生快乐成长和教师挥洒汗水的小天地，这正是他们收获幸福感和归属感的大舞台，实现"幸福共长"。学校发展与规划确定了学校未来的发展目标，使教职工、相关管理人员明确了拼搏、奋斗的共同愿景，有利于全体人员共同努力奔赴一个目标，有利于提高学校管理效能和效率。学校发展与规划对教职工个体而言，不仅能开拓其思维空间，有助于主体意识的发展，还能让其在参与学校发展与规划的工作中实现人生的价值，明白自己完成的每一个具体任务在学校发展大局中的价值、学校长远发展的意义，从而提升其归属感、责任感和幸福感，提高工作的主动性、创造性和积极性。

（三）注重现状分析，采用SWOT分析方法深入了解

现状分析是制定当前学校发展与规划的重要环节，只有深入了解当前学校的情况，才能确立适合学校自身发展的目标。在现状分析中，有些学校分析的大部分都是优势，不能正面分析当前劣势，甚至用寥寥几句概括，怕劣势写多了会影响学校的形象。有些学校对现状分析不够深入，仅仅停留在表层，对于目标的表述过于笼统泛化，这些都是不可取的。SWOT分析法是目前国际上常用的分析方法，它是用系统的思想将学校内部的优劣势、外部机会和威胁等看似独立的单元，统一整合起来去深入分析学校的现状。具体来讲，此方法是根据学校的基本情况，在整合学校各方资源的基础上，联系周边社区的社会结构特点，深入思考本校教师的教学特点，持续收集学生学业成绩评价、家长利益诉求、教师专业化发展程度等数据进行分析，将分析出来的结果作为学校发展与规划制定的依据，从而提出适合学校的发展目标。

天府一小回望教育初心，"靠近"教育理想，在摸索的道路上，找到适合学校发展的道路，结合自身的优势，挖掘学校义化历史，将学校发展定位为在教育教学活动中加强"雅正"文化内涵的渗透，营造良好的发展环境。学校紧跟国家教育政策，聚力"五育融合"，把"双减"政策落到实处，实施"雅正"课程体系。新课程改革在教学观念、教育方法、课程设计、师资队伍建设和评价体系等方面的新要求，对天府一小的课程内容、教学方法、教学质量、办学条件和学校文化等都提出了新的挑战，这也正是天府一小亟待解决的问题。

五、"新"小学的发展与规划的价值

（一）有利于意识觉醒，注入新发展内力

制定和实施发展与规划，有利于学校自身的内部意识觉醒，注入新发展内力。学校要具备主体意识，对发展与规划的思考要贯穿学校发展全过程，不仅要明确"办什么样的学校"和"培养什么人"的问题，实现由被动发展向主动发展的转变，找到自身的发展理念，找到学校自己的定位，找到适合自己的改革路径，从而实现预定的目标；同时也要思考怎样让规划的方案落地，怎样把方案落实到工作中，推动各项事业的发展，进而推动学校的现代治理。

（二）有利于集体决策，注入新发展活力

制定和实施发展与规划，有利于集体决策、凝聚人心，注入新发展活力。学校发展与规划是系统表达，其制定与实施要充分考虑教师、学生、家长的不同诉求，最大限度地表达相关利益者的立场。学校要加强社区和学校间的联系和沟通，吸纳群体智慧，调动各方潜在因素，增强学校与社区及相关部门的理解与支持，实现"共建""共治""共享"，进而实现学校有效发展。如此不仅可以传播学校的办学理念，同时在一定程度上能提高社会公众对学校的关注度。

（三）有利于整体思考，注入新发展推力

制定和实施发展与规划，有利于整体思考，注入新发展推力。经济社会的发展带来的是人民对教育越来越高的要求。当然，这也使学校的发展与规划向着高质量教育体系建设迈进，虽然从外部看，整个国家或区域的学校教育有统一的发展目标，但是从内部看，各个学校有不同的优势和短板，因而在不同发展阶段，发展重点会不相同。要发现学校面临的突出问题，了解学校在发展中最迫切需要解决的问题，进而排除干扰，明确学校今后发展任务并为之努力。

六、"新"小学的发展与规划的制定原则

近年来，关于学校发展与规划的制定原则，不同学者有不同的看法。谢利民指出："学校发展规划应该遵循'四个客观'原则：一是社会的客观需要，

二是学校的客观基础，三是学校办学的客观条件，四是教育的客观规律。"①
张凤山将学校发展与规划的制定原则总结为"客观原则、科学性原则、可持续
性原则、协调性原则、特色性原则、民主性原则"②。金术超指出，学校发展
与规划的制定需要遵循以下五项原则：客观性，客观分析办学历史，在继承中
发展；科学性，编制学校发展与规划必须遵照国家方针政策；协调性，学校发
展是复杂的系统工程，要理清头绪，弄清各项工作间的有机联系和制约关系；
民主性，编制规划要发扬民主，广泛征询社会各界人士的意见③。

由此可见，随着学校发展与规划相关研究的推进，学校发展与规划的制定
原则也在不断丰富、不断完善，小学发展与规划的制定原则可概括为以下几
点：客观性、科学性、时代性、协调性、综合性。

（一）客观性

客观性原则是指小学发展与规划的制定要按客观规律办事，客观分析学校
文化背景和办学传统，使小学发展与规划的制定建立在客观基础上。每所小学
地理位置、教育观念、师资力量、教育质量存在差异，需要结合自身实际（校
情、生情）制定不同发展规划，通过分析各自学校文化和办学传统，发现自身
的办学优势和薄弱环节，明确学校的发展方向和工作重点，进而制定未来一段
时间符合自己学校的发展与规划。

（二）科学性

科学性原则是指小学发展与规划的制定要依照国家和地区方针政策，将国
家方针政策、教育教学法规落实到小学未来发展中，从而使小学发展与规划科
学化、规范化。同时，小学发展与规划的目的是发展，即支持学生全面发展、
促进教师专业发展、提升学校教育质量，因此，小学发展与规划的制定还要考
虑到小学生身心发展特点，遵循小学教育规律和各学科的教学规律。

（三）时代性

时代性原则是指小学发展与规划的制定不是一成不变的，要与时俱进，根
据学校当前和未来阶段性的发展目标，及时完善、补充学校的发展与规划，既

---

① 谢利民. 学校发展规划的制定、实施与评价 [J]. 教育研究，2008（2）：87.
② 张凤山. 编制学校发展规划的原则 [J]. 山西教育（教育管理），2008（6）：21.
③ 金术超. 新时代背景下学校战略管理体系的构建与实施 [J]. 教育科学论坛，2021（28）：67.

要具有前瞻性，又要具有时代性，满足时代发展对学校的要求。在确定小学发展与规划时，要认真研究目前社会对学校教育的需求，甚至要学会判断未来教育发展的趋势。要统筹规划，充分利用现有发展优势，为未来的发展奠定基础。

（四）协调性

协调性原则是指小学发展与规划的制定要协调诸多要素，使学校达到和谐发展的境界。小学发展与规划是复杂的系统工程，涉及学校工作的各个方面。因此，在制定发展与规划时要保持清醒的认知，弄清各项工作之间的关系，确定不同时期工作的重点，并且要明确各个层次发展的具体内涵，树立问题导向，抓好主次，进而带动各方面工作顺利推进。

（五）综合性

综合性原则是指小学发展与规划的制定要调动各种内外资源，将学校、家庭、社会有机连接起来，充分发挥各方积极性，共同推动学校向前发展。小学的利益相关者（教职工、学生、家长、社区代表）与教育专家都要参与规划制定，凝聚各方智慧和力量，如此才能内化为师生的行为动力，明确学校的发展方向，并依据学校的发展定位及时做出相应的调整，以形成更加合理完善的发展与规划。

随着教育改革的不断深入，人们对优质教育的期待越来越高，学校的发展与规划应当"乘势而上"。为落实"立德树人"任务和实现"建设高质量教育体系"目标，我们应该将视线聚焦到小学发展与规划上，尤其是小学发展与规划中内涵的发展和品质的提升。从一定程度上讲，制定学校的发展与规划，离不开开阔的战略视野。天府一小可以为其提供参考，既要立足当前，总结经验和教训，科学分析学校发展水平，更要放眼未来，不随波逐流，明晰自身发展方向。既要有理有据，在整体把握国家和区域发展目标基础之上明晰自身学校的发展侧重点，更要多方合作，发动社会各界力量，群策群力。只有将客观性、科学性、时代性、协调性、综合性原则落到实处，学校发展与规划才能在真正意义上发挥作用，以促进学校长足发展。

第三节　"新"小学的发展与规划的实践探索

要推动"新"小学高质量发展，就应更加重视学校的发展与规划，制定更加具有针对性、可行性、持续性、动态性、前瞻性的学校发展与规划。本小节以天府一小为案例学校，重点呈现该校发展与规划的实践探索，具体包括该校发展与规划制定的背景、理论依据、特征、内容和方法五个方面。

一、天府一小发展与规划制定的背景

天府一小是由四川天府新区重点打造，探索教育新体制的公办小学校。天府一小回望教育初心、靠近教育理想，提出创办"天府小学校，蜀中大雅堂"的办学愿景。

天府一小立足于高质量教育发展时代，敏锐把握住发展契机，落实国家和区域教育现代化发展目标；基于百年名校领办，起点高的发展历史；以资深校长领导的优秀团队，制定出学校发展与规划：以"蜀中大雅堂"为发展方向，依托"雅正"文化，大力建设核心内容"雅正"课程。

天府一小创造性地转化、创新性地发展学校的校本课程，让我们体会到：从"天府小学校"迈向"蜀中大雅堂"，即把愿景、使命、价值观统一起来，全校教师齐力构建"学校、家庭、社会三中心幸福共长中心体"的过程。总之，学校发展与规划有利于学校科学且可持续发展，是一种管理思想、理念或方法手段。只有这样，学校才能得到更有效的发展。

天府一小提出创办"天府小学校，蜀中大雅堂"的办学愿景，找到了自身发展路径，构建学校、家庭、社会三中心幸福共长中心体，在学校搭建的学习通道中助力彼此"共长"，为学校的发展注入活力。天府一小进行整体性思考，创建囊括三大维度（教师维度、学生维度、家长维度）课程和四大要素（安全要素、普惠要素、适宜要素、互动要素）支持的"雅正"课程体系，为学校的发展注入推力。

二、天府一小发展与规划制定的理论依据

理论是发展与规划的灵魂。"理论基础或称理论依据是学校发展战略规划

编制中所遵循的思想逻辑。一份发展与规划做出来之后，从文本到实际的行动，都是围绕理论展开的。有研究指出一份学校发展规划的理论是十分重要的，选择什么样的理论，怎样去利用这种理论都是规划者需要重点考虑的问题。一份战略规划必有其理论基础。没有理论基础的战略规划不能称为真正的战略规划。可以说，没有理论的战略规划就是没有灵魂的文字符号，不可能产生战略行动，也不可能发挥应有的作用。战略规划的理论很多，选择了什么理论或哪几种理论，都是需要谨慎对待的。"① 天府一小的规划者在制定学校的发展与规划时也依照了一定的理论。

（一）目标牵引理论

目标牵引理论是学校发展与规划的主要理论基础。学校是一种目标组织，尤其是进入现代社会以来，目标对学校发展的作用越来越大。无目标的学校、目标不清晰的学校或目标变动不定的学校，都难以发展得很好，难以成为成功的学校。因此，有研究指出："在学校规划中，应该明确学校发展目标，设计系列发展目标，以目标为牵引，规划未来发展的方向、路径和措施。"② 这有助于学校的发展在一个目标链上持续进步，能够在一定程度上实现高效率、高质量发展。

（二）资源匹配理论

学校发展与规划的执行，离不开资源的保障。学校发展与规划特别重视两种资源：一是学校实际掌握的资源，二是学校能够获得或争取的资源③。"资源保障除了必要的基础建设设施、技术装备设施设备、强有力的管理队伍、和谐稳定的教职工队伍之外，还包括必要的办学经费、健康的学校组织、适合的学校制度，也包括由学校师生资源向外延伸带来的上级指导、家长支持、社会帮助，等等。这些资源是学校发展规划完满执行的必要保障，是达成学校发展愿景的必要支撑。"④

（三）人力资本增值理论

有研究指出高校的人力资源由教师、学生和行政管理人员组成，本书认为

---

① 别敦荣. 高校发展战略规划的理论与实践 [J]. 现代教育管理，2015 (5)：8.
② 别敦荣. 高校发展战略规划的理论与实践 [J]. 现代教育管理，2015 (5)：6.
③ 别敦荣. 高校发展战略规划的理论与实践 [J]. 现代教育管理，2015 (5)：6.
④ 孙军，程晋宽. 论学校发展规划的理论构架 [J]. 教育导刊，2012 (8)：52.

小学的人力资源也主要包括三个组成部分：一是教师，二是行政管理人员，三是学生。有些研究可能会忽视学生在其中的作用，但是，学校办学水平和教育质量的提高，不仅取决于教师和行政管理人员的素质和创造性工作，而且取决于学生在教育过程中表现出来的基础素质与主动建构。用人力资本增值的思想指导学校发展与规划的制定，有助于落实以人为本的理念，将人力置于首位进行各种行动设计和资源配置，提高人力水平，促进学校加快发展步伐。

（四）文化创新理论

从一定程度上讲，学校可以作为社会的一种文化组织，履行社会文化传承与创新职能。不仅如此，学校本身还具有自身的文化，包括价值观、理念、制度、传统等，文化是学校内在的品性。发展与规划不能回避学校文化问题，在涉及学校改革与发展的各种重大显性问题的解决方案中，学校还要对文化问题给予重视，通过执行各种文化创新战略行动，促进学校遵循教育规律办学，少一些行政色彩，阻隔商业化的消极影响，提升学校品位与境界。

三、天府一小发展与规划制定的特征

（一）动态过程

首先，天府一小明确小学发展与规划并非固定的、静止的，而是不断推陈出新，学习借鉴优秀学校管理办法；其次，天府一小根据当前形势，明晰不同时期的阶段任务和发展重点进而调节变换，有条不紊地引导各项工作的展开。

（二）系统规划

小学发展与规划制定和实施要注意系统规划，厘清学校内部以及学校外部各项工作间的有机联系和制约关系。首先，天府一小从部分着眼，植根传承实验小学文化，同时依托天府新区资源平台，创新课程设置。其次，天府一小进行整体性思考，根据实际情况进行具体安排，做好了短期规划、中期规划和长期规划，将"办学使命"入心、"价值观"入脑，引导日常决策，最终形成系统全面且符合自身实际的办学定位——国际化、现代化、高品质的创新体制公办小学。

（三）全员参与

小学发展与规划制定和实施要注意以人为本、全员参与。学校、学生、教职工实现"共长"，全员参与是关键。首先，天府一小以关注全体人的全面发展为核心，凝聚学生、教师、家长之力，共同参与"雅正"课程的开发与实施。其次，天府一小广泛汇融家长、社区、社会资源，搭建广阔的学习平台、实践基地、展示舞台，构建拥有"学生课程、家长课程、教师课程"多种课程形态的小学校，三大课程共同助力学生、教师、家长幸福共长。

（四）自主发展

小学发展与规划制定和实施要注意自主发展，审时度势，谋求新的发展理念，在现实基础之上再上新台阶。天府一小做出了自身亮点和特色：首先充分考虑各类因素，明晰自身办学优势、办学定位和发展目标，努力提升学校的办学综合水平；其次在国家指引、新区领航、省级教育综合改革试验区的大背景下，充分发挥创新体制办学优势，调动内在动力，追求自身特色发展，将学校打造成区域品牌学校。

四、天府一小发展与规划制定的内容

2017 年秋，天府一小初建，基于"植根传承实小文化、依托新区资源平台、创新课程设置实施、实现国家育人目标"的办学宗旨和"国际化、现代化、高品质"的办学定位，学校制定了三个五年发展规划，即从建设"活而有常——新学校"，到"活而有术——活学校"，再到"活而有道——好学校"。以"活而有常"入格，"活而有术"合格，"活而有道"升格，一步一个足印，走好每一个五年，在遵循发展规律的基础上科学发展、创新发展，稳步迈进"天府小学校，蜀中大雅堂"的愿景。活，既体现开放、向上的生命状态，也体现创变、演进的生长过程。无论"活而有常"入格、"活而有术"合格，还是"活而有道"升格，皆以一个"活"字为前提，建设具有创新性的整体教学、管理模式。天府一小倡导"活管理、活教育、活学习"，通过活管理求教育高效益、活教学求教学高效果、活学习求成长高质量，学校形成"管得活、教得活、学得活"的教育场。

（一）目标——大雅堂

愿景不是校长一个人的愿景，而是全体成员共同确立、认同的发展愿景，其最大益处在于每一个参与者都认为："我是这个规划的制定者、获利者，我必须尽最大的努力去实现它。"天府一小受国家指引，在省级教育综合改革试验区的大背景下，经过多方商讨制定了三个五年发展规划，其最终发展成果更是惠及学生、教师、家长、社区等各群体。

（二）文化——"雅正"文化

传承文明是人类生存和发展不可或缺的一部分，"雅正"文化正是天府一小发展规划的强大血脉。中华文化上下五千年，勤劳睿智的中华儿女不断继承与积累，在辉煌的世界文明中创造出独具特色、源远流长、博大精深的中华民族文化。立足第十四个五年规划和2035年远景目标，学校要高度坚定文化自信，结合当今世界局势和现状，推动中华民族文化面向现代化、面向全世界、面向未来，铸就富有强大生命力的中华文化。天府一小秉承"雅正"文化理念，旨在构建"天府小学校，蜀中大雅堂"，为中华育"雅正"之才，为成长奠幸福之基，深深植根传承实小文化，依托天府新区资源平台，创新课程设置实施，实现国家育人目标。学校以"雅则细密蕴藉，正则疏朗大气"为特质，倡行"雅正"教育，集融合、创新、人文、学术为一体，希望学生堂堂正正做人，勤勤恳恳做事。学校将"守正、尚勤、崇礼、求活"的校风，"和而不同"的教风，"活而有常、活而有术、活而有道"的学风三者融合，打造国际化、现代化、高品质的创新体制公办小学，真正实现"雅正"二字的文化意蕴。

（三）核心——"雅正"课程

大雅堂的实现，以"雅正"课程为载体，在课程中发展，在课程中得以构建。立德树人，是贯彻始终的教育目标；学校作为学习中心，是教师、学生、家长共同成长的发展平台；课程则是教育的载体，学校发展灵魂的所在。天府一小融合多元，创建"雅正"课程体系，以关注全体人的全面发展为核心，凝聚学生、教师、家长之力，共同参与课程开发与实施。学校以学生课程为中心，叠加教师课程，牵引家长课程。教师课程、家长课程最终服务于学生课程，三大模块相辅相成，凝聚课程力，共同落实学生、教师、家长在"五育"融合课程实施中的全面发展。

五、天府一小发展与规划制定的方法

面向教育现代化发展目标制定学校发展与规划，是构建高质量教育体系的有效途径。天府一小立足于社会发展现状，从学校的实际情况出发，在明确学校愿景和目标的基础上，调动师生、家长和社会各方力量，共同制定三个五年发展规划。这样既有明确的全面发展目标，又有各阶段发展的重要内容，有助于实现教育现代化。

天府一小推崇大规划新体制办学，构建大舞台新区教育联盟，组合家长、社区、社会大资源，将大规划、大舞台、大资源组合起来构成"蜀中大雅堂"。这种重视家长、社区、社会资源，与天府新区各校联合构建教育联盟的发展模式符合当下教育要求，满足了教育发展方向的大规划。这不仅要求天府一小主动开辟新的学校联系社区、社会的途径，还要求社会将促进当地学校发展作为己任，建设满足学生身心发展的社区教育空间，融汇社会资源。同时，还需要在全社会营造尊师重教、终身学习的良好风气，构建良性社会心理空间，潜移默化地感染教育系统中的人，帮助学生树立正确的学习观，帮助教师建立正确的教育观、学生观。

（一）创新机制体制，初建中心体

实现教育现代化目标，必须立足实际，办好"活而有常——新学校"。建设"活而有常——新学校"为天府一小第一个五年发展规划，其职能远远超过学校本身职能，不仅是实施教育的地方，还是区域改革和发展的领跑者。为实现这一目标，天府一小创新学校管理路径，建立党支部领导的校长负责制，校长对内对外负责，确保决策智慧；创建"扁平组织"，确保运转高效；五大会议并行，确保民主监督；严格落实制度、考评体系，确保依法依规；做好三阶成长规划，确保持续发展。

（二）深耕合纵连横，打造共同体

全面贯彻党的教育方针，落实创新发展理念；基于国家意志，实践教育综合改革，成立教育集团。建设"活而有术——活学校"为天府一小第二个五年发展规划，实施路径为纵向贯通、横向联盟。纵向上传承学校办学理念和经验，持续将学校做大做强；横向上发展集团化办学，促进区域内"新""老"学校发展，以"1＋n"的方式带领区域内小学团体发展，在成渝经济圈范围内的小学联盟中发展共同体。2022 年，天府一小申请四川省高等学校人文社会科学重点研究基地四川中小学教师专业发展研究中心项目，课题名称为"基于天府新区教育集团化背景的教师多元交流促进共同发展的模式研究"，获得了丰硕的认识性成果与实践性成果。2023 年，天府一小申请四川天府新区教育科研课题，课题名称为"以学校基金组织建构家校社协同育人机制的研究和实践"，目前已取得过程性研究成果。

（三）聚力社区社会，升级共同体

天府一小广泛汇融家长、社区、社会资源，搭建广阔的学习平台、实践基地、展示舞台，成为名副其实的复合型学校，即建设"活而有道——好学校"，这便是理想的"大雅堂"。学校与社区紧密融合，联合社区相关单位、公共服务机构、居民和家长等多元主体参与，体现学校的责任担当，最终构建"大雅堂"。

《中国教育现代化2035》明确了具体实施路径，制定总体规划，在各个区域内推进；将目标细化成小目标，分步骤逐渐推进；采取精准的措施，统一筹划推进；先进行试点改革，再进行大范围的系统推进①。天府一小充分发挥创新体制办学优势，以活而有常、活而有术、活而有道为发展轨迹，借力"横向联盟，纵向贯通"的契机，逐步建立中心体、共同体、复合体，依据自身特点确定每个阶段的目标，逐步推进教育现代化。

---

① 中共中央、国务院. 中国教育现代化 2035［EB/OL］.（2019－02－23）［2024－10－05］. http://www.gov.cn/xinwen/2019－02/23/content_5367987.htm.

第三章　"新"小学的管理

　　学校的管理涉及方方面面，如人、财、物，德、智、体等。这些要素之间存在严密的逻辑关系，在学校改进中发挥着重要的作用，并呈现出从制度约束、人本关怀到文化生成的发展趋势。学校要从教育生态的视角，尝试建立内在的生态养成与外在的生态保障，充分发挥教育管理参与者的主体性，从而推动形成学校管理的良性发展机制，引领和推动学校工作的持续改进[①]。天府一小遵循以人为本的学校管理观，实行教师自聘、管理自主、经费包干的管理机制，从管理走向治理，从"人治型""法治型"走向"人本型"，从"科层级"管理走向"扁平化"管理，从而打造"领导者－领导者"模式。"新"小学的管理既破解了老学校教师结构不佳、活力不足的问题，也突破了新开办学校全无编制、教师年龄结构年轻化等发展瓶颈，实现了以老带新、以新促老的融合发展[②]。

第一节　"新"小学领导队伍建设与管理

　　近年来，快速发展的网络通信技术和手机的全面普及，让学生接收到大量鱼龙混杂的信息，也给学校管理工作带来巨大挑战，陈旧的学校管理理念和方式方法，已经无法适应新时代学校管理工作的要求。习近平总书记在中央党校建校80周年庆祝大会暨春季学期开学典礼上强调，领导干部要结合工作需要来学习，不断提高自己的知识化、专业化水平[③]；在全国组织部长会议上连续两年提出"要着力提高各级干部政治素质和专业化能力"；在党的十八届五中

全会上强调，要优化领导班子知识结构和专业结构，注重培养选拔政治强、懂专业、善治理、敢担当、作风正的领导干部，提高专业化水平。因此，建立一支优秀的小学领导队伍，符合新时代领导队伍建设和教师队伍建设的要求，可以促进小学教育事业蓬勃发展。传统学校管理要逐渐适应新时代、新使命，要顺应科学、民主等需求，步入新征程，谱写新篇章。

一、何谓小学学校管理

所谓学校管理，就是指在一定的环境中，学校组织系统为了实现教育目标，由学校管理者依据现代科学理论和伦理道德规范，用自己的示范活动与表率作用影响带动学校全体成员，共同运用各种现代管理方式，发挥管理职能[①]。

小学学校管理则是在小学，由校长根据小学教育目标对教师和学生在课堂教学、课外活动，以及校园文化、行政与后勤、教育思想等进行有效的组织与实施管理，以实现预期管理目标的活动。

二、何谓小学领导

想要弄清楚什么是小学领导，首先要知道"领导"的含义。许多学者都曾对领导做过专门研究和论述，并提出自己的见解。例如，孔茨把领导定义为影响力，认为是影响人们心甘情愿地和满怀热情为实现群体目标而努力的艺术或过程[②]。因此，可以把领导的概念归纳为：在一定的组织或团体中，管理者引导和影响下属员工实现既定目标的过程。而小学领导是指引导和影响全校师生员工去努力实现学校教育目标的人，即校长或副校长[③]。

再言之，校长是履行学校领导与管理工作职责的专业人员，其代表的是学校，主要承担着全校教学与行政等工作，对于学校发展、管理以及教学工作有较为显著的影响。校长对学校领导和管理的能力直接影响一所学校的生命力和未来发展。而为了能够有效发挥校长在学校管理中的价值，需要明确其职责。在新时代背景下学校领导的职责主要有以下三个方面：一是推动现代教育观念

---

① 黄兆龙. 学校管理概念的界定与表述［J］. 教育管理，1994（1）：5.

② Koontz，H.，& O'Donnell，C.（1976）. Management：A Systems and Contingency Analysis of Managerial Functions.

③ 高启林. 浅析如何在学校管理中运用校长领导艺术［J］. 天天爱科学（教育前沿），2021（2）：161－162.

的重建，二是构建新型教师队伍，三是有效实施学校管理①。

三、何谓"新"小学领导队伍建设与管理

（一）"新"小学领导队伍建设与管理的概念

就"'新'小学领导队伍建设与管理"这个概念而言，明确其建设主体，对于促进小学领导队伍建设与管理工作的持续有效开展很有必要。其一，小学是学生接受基础教育的场所。在我国，小学是基础教育的重要组成部分。其二，领导通常指在一个国家或集体中居于核心地位的人物。其三，队伍一般指有组织的集体。基于此，小学领导队伍是有组织、有计划地在小学从事管理的人员所形成的有一定目标的组织集体，是党组织或教育局按照一定规程任命或选拔的从事小学公共管理的人员所形成的组织。按照现行体制，普通初等学校的领导队伍，一般包括校长、副校长、教导主任、总务主任、少先队辅导员、教研组长等。在中小学校领导管理的组织网中，校长处于节点式核心位置②。

新时代的学校领导体制对校长提出了多维职责要求。现代学校体制和现代治理理念对校长提出了多项能力要求，日益复杂的工作使校长角色功能日趋多元，单一的管理者角色已难以适应新时代教育发展的需求。新时代的校长要扮演召唤者、决策者、引领者、协调者和执行者等角色，这些角色作用于校长管理工作涵盖的规划学校发展、营造育人文化、领导课程教学、引领教师成长、优化内部管理、调适外部环境等方面，既各有侧重又相互关联，共同构成校长管理者角色的整体③。根据对现有理论成果，以及领导队伍建设实践、教师队伍建设实践的相关文献的梳理，笔者将"新"小学领导队伍建设与管理定义为：在新时代背景下，以提高小学领导队伍整体水平为目的，以建立健全符合体制机制为保障，在选拔、培养、发展、管理等方面对组织管理小学的领导人员进行指导、组织和管理的理论和实践活动的总称。在新时代背景下，结合小学当前的实际情况，应着力建设一支政治上靠得住、业务上过硬、精简高效的管理干部队伍，形成一支信念坚定、结构优化、素质精良、求真务实的学校领导队伍。

---

① 胡进. 校长职责与学校管理［J］. 基础教育论坛，2014（23）：43.
② 徐莉，杨丽乐. 新时代基于"双螺旋式"结构的中小学校长领导力的核心要义与发展方略［J］. 现代教育管理，2021（7）：99.
③ 于文安. 校长多重角色模型及其能力提升［J］. 中国教育学刊，2021（12）：60.

（二）"新"小学领导队伍建设与管理的能力与素质要求

随着中国特色社会主义进入新时代，我国经济发展与建设也进入了新的历史阶段。教育事业在这一时期担当着更加复杂和艰巨的使命和任务。与之相对应，我国新时代小学领导队伍建设也应有新的定位、新的要求和新的任务。要全面深化新时代小学领导队伍建设改革，贯彻党的教育方针，坚持社会主义办学方向，遵循教育规律和教师成长发展规律，深入推进学校领导管理体制机制改革，形成一批师德高尚、业务精湛、结构合理、充满活力的高素质、专业化领导队伍。

1. "新"小学领导队伍建设与管理的能力要求

学校领导自身的能力对学校发展有着协调、促进和引领等重要的作用。因此，"新"小学领导队伍建设与管理的能力要求具体可以分为以下几点。

一是科学管理规划本校发展的能力。随着改革开放，社会主义市场经济不断发展，国家越来越重视义务教育。为了全面贯彻党的教育方针，培养学生的创新精神和实践能力，小学各领导层级都应该有着科学管理谋划本校发展的能力。具体而言，科学管理学校，要做到以生为本，注重每一个学生的教育问题，要面向全体学生实施全面发展的教育。小学领导应抓住中国教育改革新时期的机遇，以科学管理学校作为促进学校发展的重要手段。此外，学校领导要结合本校校情，立足学校自身的资源条件和优势进行教育管理改革，以科学管理的手段充分激发本校教育事业发展的生机活力，从而促进学校的发展。

二是周密有效的组织领导能力。长期以来，作为小学主要领导成员的校长在小学教育中主要扮演着"上传下达"的角色。这种领导方式有着局限性，不能实现学校内外结构层面的有效互动。新时代要求小学各领导层级既能有效对外积极沟通，又能做到对内平等对话，通过有效地组织协调，推进学校教育现代化发展。在小学中，政策与执行总会存在或多或少的"割裂"。基于此，小学领导队伍要努力提升自己的沟通能力，实现与政府、社会等团体的有效沟通。小学领导队伍应有针对性地组织协调，激发学校活力，整合团队力量，形成高质、高效、有序、公平的新学校格局。

三是持续的创新能力。小学教育作为基础教育的重要阶段，必须坚持社会主义办学方向，抓住新时代教育发展机遇，紧扣时代的脉搏。在科学技术高速发展的当今社会，小学领导队伍必须立足新时代新发展阶段，贯彻新发展理念，而创新能力则是小学领导队伍在新时期必备的条件要素。只有拥有持续的创新能力才能让一所小学有自己的特色，才能在以科技为核心竞争力的今天实现教育事业的蓬勃发展。因此，小学领导队伍要具有开拓的创新精神和创新追求，要用与时俱进、勇于创新的精神追求来推动学校整体发展。

2. "新"小学领导队伍建设与管理的素质要求

新时代对小学领导队伍的素质提出了新的要求。我国小学领导队伍长期处于一线教学环境下，与其他层级的领导队伍建设相比，有自身特殊的素质要求。

一是高度的政治思想素质。教育处在中国特色社会主义发展的优先位置，促进教育现代化是建设教育强国的重大部署。习近平总书记提出："广大教师要始终同党和人民站在一起，自觉做中国特色社会主义的坚定信仰者和忠实实践者，忠诚于党和人民的教育事业，自觉把党的教育方针贯彻到教学管理工作的全过程。"① 党的十八大以来，习近平总书记关于新时代教师素质要求有许多重要论述，这些素质是当前小学领导成员所应具备的。其中，政治思想素质是小学领导队伍所必须重视的。对于小学领导队伍来说，自身的政治思想素质不仅决定着其自身的发展方向，也决定着学校的办学方向。基础教育是党的教育事业的重要组成部分，小学领导队伍必须拥有高度的政治思想素质，时刻牢记教育必须为社会主义现代化建设服务，为人民服务，必须与生产劳动相结合，培养德智体美劳等全面发展的社会主义事业的接班人和建设者。

二是深厚的文化知识素质。领导队伍重在领导，而领导的文化知识素质是提高领导效能的基础，对于初等教育的建设与发展具有引领性作用。在今天，科技日新月异，知识更新的速度也越来越快，对小学领导队伍的文化知识素质的要求也提高了。因此，小学领导要成为优秀的教育家，就必须不断求知，努力提高自身文化知识水平，做到博学强识，按学校教育和管理的客观规律办事。

三是良好的品行修养素质。小学领导队伍要具有高尚的道德修养和优良作风，以德服众，以德服人。只有拥有高尚的道德修养和良好的工作作风，小学领导队伍才能够有力地带动其他队伍，从而促进管理效益的最大化。此外，小学领导队伍要有民主作风，平等地与教职工商讨问题。在管理学校的过程中，领导队伍要做到言行一致，身体力行。小学领导队伍的一切言行，都要符合社

---

① 习近平. 做党和人民满意的好老师——同北京师范大学师生代表座谈时的讲话 [J]. 人民教育，2014（19）：6—10.

会主义职业道德行为规范标准的要求，做到襟怀坦荡、大公无私、品德端正、情操高尚、为人师表。

四是健康强大的心理素质。小学领导队伍要具有健康的心理素质和健康的体魄。健康的心理素质和体魄是小学领导队伍做任何决策、任何工作情况下应具备的基本条件，是小学领导队伍能够最大限度地投入教育工作的必要条件。小学领导队伍应该对工作和生活充满信心，热爱本职工作，用舒畅的心情去迎接工作，在工作中保持遇喜不亢、处变不惊的心理状态，在任何情况下都保持心理平衡。

四、天府一小的领导队伍建设与管理实践

天府一小自主聘用教师，自主管理学校。学校实行党支部领导的校长负责制，学校管理架构主要分为两中心、三学部，如图 3-1 所示。

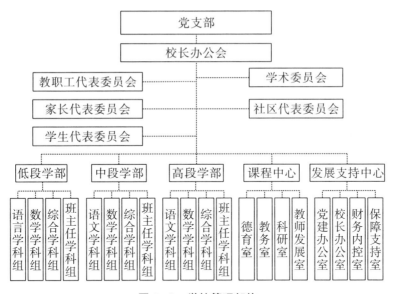

图 3-1 学校管理架构

从图 3-1 可以看出，天府一小在领导队伍建设与管理方面始终洞察时局发展，辨明价值方向，坚持党之领导，脚踏"正"之道路。天府一小做到了以下几点：第一，创新法人治理结构，实施党支部领导的校长负责制，凸显学校管理的科学性和合理性。第二，党支部会议作为学校的最高决策机构，确保决策的民主性。第三，成立五大委员会（教职工代表委员会、家长代表委员会、

学生代表委员会、学术委员会、社区代表委员会），通过民主决策合法合规地保障学校权益；创设两大中心、三个学部，以学生为中心，以育人为目标，学校就是幸福共长的中心体。第四，制定因事设岗、薪随岗变的薪酬体制，站在战略高位全面解决无编制学校教师队伍的组建与培养。三年实践，天府一小"量身定制"管理机制，创新而科学地推动天府一小"常态高标"的办学样态。

2017年9月，中共中央办公厅、国务院办公厅印发的《关于深化教育体制机制改革的意见》指出，要创新教师管理制度，改进教师管理机制，从而激发学校内在活力，提升教师职业幸福感。因此，天府一小创新实施"人人都是好老师，人人都是管理者"。天府一小迁移高铁"动力分散"原理，提出人人都是"动力车厢"的人才培养思路，实现"牵引力加倍、项目组队灵活"的团队发展态势。例如，作为人才引进的成都市特级教师、四川省最具风采班主任的钟键副校长，既是身兼教育教学副校长和课程中心召集人，更是一名成绩斐然的语文老师；低段学部谭晓琴老师，既是学部召集人，更是一名爱生如子的英语教师；中段学部郭强老师，既是学部召集人，更是一名优秀的计算机教师；一线教师曹雪梅，既是一名心理学老师，也是课程中心教务干事。基于此人才培养思路，全校教师皆以"复合型"发展为方向，既是好老师，又是管理者。

天府一小从顶层设计开始，从治理体系入手，设机制，建制度，抓流程。在领导队伍建设与管理方面有着独特的自身优势。首先，由理事会监督下的校长负责制，转为党支部领导的校长负责制，党支部是学校最高决策机构；其次，调整领导决策班子，党支部下设党建办公室，完善机构；再次，变革议事决策制度，党支部引领督导决策，确保学校发展科学；最后，校长办公会实施作为，解决方法措施，落实立德树人目标。基于以上方面，天府一小实行扁平化管理的治理结构，校长作为最高决策者直接管理两中心、三学部，而学部负责人直接对接学科召集人，学科召集人直接对接一线教师，减少了学校管理层面的沟通环节和沟通难度，各团队和岗位的工作关联度更高，效率更高，有利于培养管理人员的复合型和综合业务能力。

随着新时代初等教育的高速发展、新一轮科技与产业革命的到来，国家对初等学校领导队伍的建设、领导素质的提升提出了新要求。中国特色社会主义进入了新时代，面临前所未有的机遇和更加严峻的考验。提升小学领导队伍的专业能力和专业精神是适应新时代新形势的应有之义。小学领导队伍建设与管理直接关系到小学的改革与和谐发展，关系到能否完成人民满意的基础教育事业。

我们必须以习近平总书记关于新时代教师发展的重要论述为指导，深刻认识当前小学领导队伍建设与管理的问题，以促进小学教育改革发展为切入点，通过多方共同发力，努力提升小学领导队伍水平，打造一流的"新"小学领导队伍，驱动学校治理走上现代化建设道路，进一步提升国家的文化软实力，实现教育强国之梦。

第二节 "新"小学的教师管理

任何时代、任何事物都是在具体情境和一定历史背景下展开的，抑或取得发展，抑或遭遇退步，都不同程度地受其基本历史背景的影响[1]。中国特色社会主义进入了新时代，我国社会主要矛盾已经转化为人民日益增长的美好生活需要和不平衡不充分的发展之间的矛盾，人民对公平而有质量的教育的向往更加迫切。兴国必先强师，近年来以习近平同志为核心的党中央将教师队伍建设摆在突出位置，陆续做出了一系列重大决策部署。2018 年，中共中央、国务院印发《关于全面深化新时代教师队伍建设改革的意见》，明确提出全面提高中小学教师质量，建设一支高素质专业化的教师队伍[2]。面对新方位、新征程、新使命，我国迫切需要建设适应新时代发展的高质量教师队伍。

一、用体制，建构自带动能

在新时代的背景下，国家对教师的要求越来越严格，对学校人事管理等方面的改革也给予关注。天府一小打破传统的封闭式招聘教师模式，转而实行"两自一包"创新体制，即"教师自聘、管理自主、经费包干"，构建"事为先、人为重、雅正为基"的活力团队。通过开放办学，学校拥有一批又一批具有教育理想、努力奋斗、为梦想而拼搏的年轻教师，这群教师可塑性强、创造力无限，对小学教师专业发展具有不可替代的作用。

---

[1] 田振华. 组织变革理论视角下教师专业发展的新"勒温模型"［J］. 教育理论与实践，2020（35）：32.

[2] 中共中央国务院关于全面深化新时代教师队伍建设改革的意见［J］. 新教育，2018（1）：4－9.

二、用文化，构筑团队持续动能

天府一小以"雅正"文化为基础，从学校层面做出整体规划设计，滋养教师全面发展，成为"博雅教师，身正业勤，达己达人，其身正堪楷模，其广博可润心，其良知亲孤贫"。教师课程关注教师的全面发展，强化教师内在动力，提高教师自主程度。教师在"多元·培""多面·读""多彩·动"三类课程中，修得教学力、教育力、健康力。"多元·培"提升专业水准，塑造课堂品质；"多面·读"充盈内在，丰富思想；"多彩·动"强健体魄，夯实自主。

在这三类课程中，教师积蓄能量、升华蜕变，对标"四有"好老师的要求，成长为天府一小教师的模样：堂正、勤恳、博学，成为学科高手，术业有专攻；成为生活妙手，安定而从容；成为全科高手，能上多门课；最终成为美好的塑造学生品格、品行、品味的大先生。正所谓资深教师的成长主要是在学校的教学实践中完成的①，天府一小的教师课程满足了教师本身的发展需求，推进了学校本位下教师的优质性专业发展，引领了教师持续化的专业发展，可以在同类学校中借鉴、推广和运用。

（一）"多元·培"

基于有理想信念、有道德情操、有扎实学识、有仁爱之心的"四有"好老师的培养，聚焦一所新生学校青年教师成长需求，学校将教师分为两类：新入职教师和已在岗教师。学校针对不同类别的教师，设置了不一样的教师课程，新入职教师着重入职四训，已在岗教师全身心投入三级培训。通过培训，新老教师了解学校文化、课程、建设与管理，真正融入学校，实现质的变化。秉"雅正"之念，为师为生皆身正业勤，教师博雅；砺"雅正"之师，为人师表其身正堪楷模，其广博可润心，其良知亲孤贫；设"雅正"之课，以课程改革为径，让人本教育真正如春风化雨，润物无声。

1. 入职四训

入职四训主要是指新入职的教师需要经过四项培训，即文化培训、课程培训、管理培训、拓展培训。第一，文化培训是考量教师培训是否实现真正变革的深层要素。从文化培训的视角审视教师培训工作现状，通过丰富课程文化、

---

① 顾明远. 教师成长的三个境界［J］. 教育，2019（45）：1.

完善制度文化、夯实团队文化、聚焦宣传文化等途径，开辟特色化教师培训之路，成为加强教师文化培训建设、助推教师培训改革与发展的着力点。第二，课程培训。在对教师的培训中应注意提高教师的课程开发能力，使其在教学中不断引入新的课程资源，不断提高教学质量，促进学生学习能力的提升。第三，管理培训。在管理中，需要运用系统的思维和方法来进行计划、组织、协调、控制才能提高效率。管理培训有助于教师提升管理能力，达到最佳效果。第四，拓展培训。随着我国教师专业化的不断发展和教学课程改革的不断推进，教师培训的重要性日益凸显，拓展培训是一项团队式的项目，有助于新教师更快融入学校生活。

2. 三级培训

已在岗教师全身心投入三级培训，包括校内培训、学科专家培训、外派专题培训。以问题为导向，众筹智慧；以问题为导向，人人做研究，直指教育教学难点痛点，丰厚教育教学的底蕴，从而获取发展的能量。首先，校内培训。每学期的开学前和期末后都会有全校性的总结大会，包括教师的经验分享、论文分享、学科分享等。其次，学科专家培训。各学科都有专家，这些专家每一两周会进入学校来给教师做专门的辅导和指导。最后，外派专题培训。教师到不同的省（区、市）去学习、研讨、培训。

（二）"多面·读"

书籍是教师专业生命活力的天然滋养品和专业发展的源头活水，读书是教师专业自主发展的永恒核心课程。教师读书，要读各种经典名著，要有专注痴迷的精神，做好读书计划，讲究读书方法，做到知行统一，打通人生、社会和书境的界限。那么，怎样打通这三者界限呢？

首先，要通过读书掌握前人和他人的思想精髓，把书本知识真正变为自己的东西，为己所用。其次，就是要善于甄别和判断。也就是说，我们在读书时要始终有自己的价值尺度和理想信仰，有独立的反思批判精神。能判断、善厘清、会取舍，能超越书境、书情和书意，不做只会寻章摘句的"书虫"和受困、受制于书的"书奴"，做到高屋建瓴、居高临下。最后，最为重要的，就是践履躬行。一是将读书与研究相结合，不断进行理论的创新，实现知识的增值；二是将读书学习与履行工作职责相结合，把工作当作事业和学问来做，从读书中获取实践的灵感，力争在教育实践上有所创新，产生育人效益；三是把读书的过程作为修养自己的品行和砥砺自己人生的机会，以形成宽视野、高境界，养成大气度、贵品性和纯人格。

（三）"多彩·动"

教师的人生成长最终落脚点在于个体的自身投入与发展、个体的学习与发展。这就需要教师在平日的工作和生活中合理安排时间，坚持锻炼身体，增强体魄，积极营造一个温暖的工作和生活环境，与亲朋好友形成良好的人际关系。良好的身心状态是教师专业发展的基础，天府一小开展有特色的"多彩·动"活动，音、体、美三科教师带着所有教师一起动。例如，音乐教师教大家用丹田来发声，美术教师带大家一起创设艺术作品，体育教师教大家做健康技能运动，了解乒乓球、羽毛球打法等。天府一小以此形式让大家动起来，形成积极、健康、向上的生活状态。

三、用纲要，激活团队内驱动能

新时代背景下，为了提升师资力量，天府一小针对教师在学生心目中的形象制定《教师六年发展纲要》，努力实现"学校把教师放在第一位，教师把学生放在第一位"。秉持"以事育人、以情养人、自主发展"的理念，坚持以师为先，让教师在"善意""开放""大气"的氛围中同行共长。通过《教师六年发展纲要》，激发团队的内驱动力，构建"入格—合格—升格—博雅教师"的发展方向。赋予教师自由，而不是以往单纯的"两点一线"，激发教师的主观能动性。

天府一小教师的发展路径可以分为自主自助路径和学校助力路径。在自主自助路径上，注重在做人和做事方面共同进步。在做人方面，要求与人相处要堂正，助人成长要堂正，培育学生要堂正，自我成才要堂正。在做事方面，强调勤恳实践、勤恳研究、勤恳反思和勤恳重建，形成循环往复、螺旋向上的发展模式。

在学校助力路径上，天府一小以精神和能力两个层面来推动发展。在精神层面，学校创设开放、善意和大气的团队氛围，建构同行共长的团队建设制度，包括专家团队指导机制和团队合力共同努力机制，以及展示机会获取机制和常态课题研究指导机制。在能力层面，天府一小搭建多维成长平台，包括教学平台、德育平台和管理平台，落实教师专业素养与能力提升。同时，学校活用"教师课程"，如教师沙龙和游学，助力教师拓宽视野、增长见识、开阔胸怀。

四、用制度，保障团队发展动能

新时代背景下，需要更加专业的人做更加专业的事情，最好的人才不如最适合的人才。天府一小通过设立"因事设岗，薪随岗变"的制度，打破传统的薪酬福利制度，同时使用恰当的人员定位，让教师的成长和付出都得到物化的认可，从而智慧而快乐地工作，清新而优雅地生活。学校根据匹配的岗位对教师进行相应的"职业化＋专业化"培训，使教师在岗位上成长，从而得到充分的发展。学校运用扁平化组织架构，结合管理制度，完善组织结构化的管理，使教师在专业化的道路上有基本的制度保证。

小学教育是基础教育，是孩子夯实基础的关键时期，也是塑形的重要阶段。教师不仅要传播知识、传播思想、传播真理，更要结合新时代的变化对专业的发展保持活力。在新时代的背景下，教师的专业发展不是一蹴而就的，文化引领、制度规范、队伍组建、薪酬激励、成长培育、情感关怀缺一不可，唯有长情陪伴，点滴积累，方显真爱本色。教师关系着祖国的今天，决定着祖国的未来。教师队伍应当是人才济济的队伍，应当是社会先进生产力的代表。锻造出一支有信念、有情操、懂专业、守职操的仁爱之师队伍，让教师活出"尊严"，活出幸福感，天府一小正在路上。

第三节 "新"小学的学生管理

"新"小学学生管理不再是以往的单纯的行政管理与经营，而是要以人为本，实行民主管理，发挥学生主动性，把学生从先前的被动接受教师的管理思维中解放出来，让学生具备自我管理意识，从而使学生得到充分、全面的发展。

在新时代背景下，无论是教师还是学生都不可避免地受到当前社会环境变化带来的冲击和影响，从而产生一系列不同于以往学生管理方面的新问题，如果用老一套的理念和方法来应对这些新问题，只会把问题变得更加复杂。因此，本书主要从两方面来阐述如何应对新时代背景下小学学生管理存在的问题。一方面，在新时代背景下，对于小学生这个特殊群体的管理理念要"新"，不能拿以往的教育管理理念来应对学生。当前时代背景强调的是以人为本，以学生为主体，因此，现阶段的管理理念自然也要紧跟时代步伐，树立"管理育人"的办学理念和"学生主体"的管理理念。然而，以学生为主体并不是教师可以放任学生，而是要将学生变成自己的服务对象，以教师为主导和以学生为主体相结合，充分发挥民主管理。另一方面，针对新时代背景下小学学生管理存在的问题，小学生管理方式要"新"。学校和教师在更新管理理念的同时也要更新管理方法，分别从学校、教师、学生三个维度来考虑解决问题的策略，而不仅仅局限于教师这一层面。学校要构建新型的班级考核机制，教师要根据社会发展需求不断提高班级管理水平，学生也要树立自我管理意识，提高自我管理能力，将这三个维度融合，以更好地应对"新"小学学生管理的问题，从而实现学生的全面发展。

一、"新"小学的学生管理理念

新时代管理理念的变革对小学学生管理起到一个重要的引导作用，管理理念的革新是适应我国经济社会发展和教育体制改革的需要，是促进学生身心健康、全面发展的必要举措。管理理念要始终跟随时代发展潮流，面向教育最前沿，借鉴先进教育管理经验和理论成果，使教育理念始终处于动态的变化发展过程中。新时代要始终突出以人为本的思想理念，改变先前"师尊生卑"的教育观念，体现"以生为本、学生主体"的先进思想，充分发扬教育民主的时代特色，将民主与集中相结合，不断提高管理效率。

（一）"管理育人"的思想理念

我国先前的教育办学管理理念主要是以知识为导向，培养知识分子，单纯以学为主，为我国的经济建设和社会发展储备人才，忽略了学生其他方面的发展需求，这就导致了学生"五育"得不到均衡发展。而小学生的身心处于一个"塑形期"，各方面的发展都还不成熟，在行为习惯的养成和学习能力的提高等方面需要教师的正确引导。因此，教师对学生的管理就起到一个重要作用，管理水平的好坏直接影响学生能否健康发展，并在一定程度上影响着教学质量。教育部推行的新课程改革中有一条重要的要求就是，全国的中小学深入推进管理体制的改革。其核心目的是改变目前单纯的重视知识内容的教育现状，积极形成多措并举、齐抓共管的学校教育管理机制，促进学生全面发展，人人成才，这深刻体现了"管理育人"的思想。这就要求小学教师采取各种方式找寻管理学生的有效途径和方法，通过家校合作、师生关系、教育教学等管理领域的内容，促进班级组织系统有序地运行，不断提高教育教学管理能力和水平，既管理好了学生又提高了自身专业能力，使学生在教师的管理体制下全面发展，更好地体现"管理育人"的思想理念。

（二）"学生主体"的管理理念

当前学校的教育教学管理工作要求形成以教师为主导、学生为主体的管理理念。但是以往许多教师在管理学生时往往只是发挥教师的主导作用，在课堂教学中并没有考虑学生对问题或事情的看法及建议，直到现在部分地区的部分学校仍有许多教师延续"权威式"教学方式，仍旧采用"填鸭式"的教学方法，严重禁锢了学生思想，阻碍了学生的发展。现今"以人为本"的管理理念已经成为各个学校以及教育机构进行学生管理的基本理念，一切与教育教学有关的工作都要以学生为中心，让每个学生都能得到教育和关怀，以有利于学生的全面发展为落脚点，充分发挥学生在教育教学中的主体作用。

"以人为本"就是"以学生为本"，学生的管理应该从人性出发，围绕学生的全面成长，服务于他们的终身发展。教师在管理时尊重学生的意见及看法，让学生充分表达自己的见解，使学生形成主人翁意识，培养学生的自主管理意识，而不是一切都以教师的看法为准。对学生管理要民主，充分考虑整个班集体的想法，不能独断专行，对学生的管理不是强制与约束，而是以学生的健康发展为目的。教师要把"以人为本"和"学生主体"充分结合在一起，将其贯穿于整个教学过程。教师要以心平气和的态度去对待学生，严慈相济，重视学生的身心健康发展，肯定学生的优点，改正其缺点，使学生真正体会到学习和成长的快乐，乐于接受教师的管理，从而更好地提高班级管理水平。

（三）"民主与集中"相结合的管理理念

从以往的班级管理和课堂教学管理中不难发现，教师在管理学生时，往往采取命令式的口吻，要求学生服从教师的意志。教师是班级中权威的代表，所有班级事务的管理和决策都由教师定夺，完全忽略了学生作为班级一分子在班级事务中发挥的作用，严重打压了学生参与班级管理的积极性，并且这种集中式的管理方式也会因为教师的决策失误产生严重后果。因此，为了适应社会发展需要，民主和集中相结合的管理理念应运而生。

为什么要重视民主与集中相结合的管理理念？这需要从两个方面来分析。第一，民主方面。民主更有利于教师在进行班级管理时收集学生的建议，能够集思广益，充分考虑事情的利弊得失，使教师做出的决策更加科学合理；同时也利于学生接受并服从教师管理，在意见实施过程中受到的阻力更小。第二，集中方面。每个学生对于事情的看法都是不一样的，教师对学生进行管理时不能仅仅听取小部分学生或个别学生的建议，而是应该充分考虑大多数学生的意见，然后将学生的意见汇总，教师再结合自己对于问题的看法，最终做出科学的决策。集中管理能够提高决策的效率，遇见摇摆不定的意见时则能一锤定音。但是集中管理也有一个弊端，容易形成教师"一言堂"的现象，使教师在整个管理过程中"大权独揽"，使决策带有强烈的主观性，缺乏科学性。因此，在对学生进行管理时要实行民主管理与集中管理相结合的方式，提高管理效率。

二、"新"小学学生管理的实施

学生既是学习的主体也是班级管理的主体，因此，从学校层面来讲就要一切从学生出发。首先，一切为了学生，这就要求学校对班级管理进行考核，从多方面、多角度进行测评，真正实现管理育人的目标。其次，教师要树立科学的学生观，学生是处于发展过程的人，每个学生都是独特的，都有巨大的发展潜能，这就要求教师注重差别化教学，注意因材施教，不断提高自身管理能力。再次，教师要把握学生管理的特点，注重科学民主化的管理原则，发挥学生的主体作用，及时与家长沟通联系。最后，教师要热爱、尊重、信赖学生。从学生层面来讲就是让学生学会自主管理，同时做好管理评价。

（一）构建科学的学校班级管理考核机制

1. 转变学校班级管理工作考核理念

学校班级管理工作评价是班集体价值体现的重要标准，科学合理的学校班级管理评价可以引导教师班级管理工作的方向，激励教师不断提升班级管理能力。首先，学校对班级管理评价应注重管理思想。部分小学教师在管理学生时仍然采用传统的管理思维，总是以先前的经验为主，将过去老一套的管理思维运用到现代班级管理当中，这显然是不合时宜的。学校应以教师是否具有先进的管理理念作为评价考核的重要标准，对于学生管理创新性高的教师应给予相应的加分，对于能够采取科学有效的管理策略的教师应给予表彰。其次，学校对班级管理评价应注重管理的过程。部分学校在对教师进行管理评价时以结果作为评价标准，没有体现人性化的考核评价方式。因此，学校应从关注结果转变到同时关注过程，这样就不会出现忽视学生个性特征，压抑学生创造性的情况，从而间接地促进了学生的全面发展，提高教师管理实效，更好地发挥教师管理才能。最后，学校对班级管理评价应注重评价管理方法。有些教师在管理学生时只是运用单一的方法来管理，并没有采取多元化的管理方法，而且管理方法大多毫无创新性，所以对于那些管理方法多、管理创新性强的教师，学校应着重表扬，提高班级管理效率。

2. 实施多维度的班级管理考核

学校在对教师管理学生进行考核评价时，应注意从多方面、多角度去考察和评价，不仅仅是从学生的最终表现来评价，还要从学生人际交往、学习能力、自我管理能力等方面来评价，并且进行评价时不仅局限于对学生进行观察，还要对教师的管理能力、管理创新性和管理有效性等进行考核。这样既从学生方面进行评价，又从教师方面进行评价，其最终评价的结果才全面公正，才能让教师真正信服学校给出的评价结果，才能使教师改进自己的管理方法和理念，提高班级管理能力。

3. 明确管理育人的办学理念

学校管理的最终目的是学生全面发展、健康成长。学校在对学生进行管理时要始终把管理育人的办学理念放在首位。学校管理不是从学校本位出发而是应该从学生本位出发，思考怎样管理才能更好地促进学生的健康成长，如何实行科学有效的学生管理机制，使学生在学校管理体制下更能展现个性，乐于学习。同时，学校应该结合时代背景，从多个方面来体现管理育人的理念，比如，加强教师培训，提高教师管理素养以更好地服务于学生；加强家校合作，提高家长家庭教育指导能力，形成教育合力；聘请专业心理教师，加强学生心理健康教育等，从多方面、多角度加强学生的管理，更好地促进学生全面和谐发展，真正体现管理育人的办学思想。

（二）提升教师班级管理水平

1. 确立个性化班级管理理念

个性化的教育理念就是要做到尊重学生的主体性和独立人格，尊重学生的兴趣爱好和个性特征，尊重学生的创造性能力和自我管理能力等。要做到个性化班级管理，其一，要树立以人为本的教育理念。教师对学生进行管理不仅仅是为了工作，更是为了学生的发展。在管理过程中要关心爱护每一个学生，尊重学生的个性，充分挖掘学生的创造力，以满足学生的发展需要和身心健康成长为目的，创造良好的班级学习环境和氛围，把学生的全面和谐发展作为最终目标。在管理学生时，教师要把以人为本的管理理念体现在管理过程的方方面面。其二，要确立学生的主体地位。在班级管理的过程中，学生是班级管理的主体，教师应该充分发挥管理的引导和指挥作用，充分发挥学生的自主管理能力，让每个学生都行使管理班级的权利，让每个学生都参与到班级规章制度建设当中，提高民主管理意识，同时也能充分发挥学生的创造性，锻炼学生管理能力。

2. 提升教师管理能力

教师对学生进行管理时达不到理想的效果，主要还是因为教师的管理能力不强。要想提高教师管理能力，首先要加强培训，更新班级管理理念。由于很多教师受应试教育的影响，只重视学生的学习成绩，而忽视学生管理工作，再加上学校和教育主管部门对教师的管理培训不到位，因此学生管理问题频发。学校和教育主管部门要重视对教师的班级管理培训，定期开展教师班级管理培训会和校外知识讲座，吸取管理专家的经验，提高教师群体的管理知识，从而不断更新其管理理念，充实其思想认知，正确协调学生学习和学生管理这两者的关系，并采取多样化的举措，优化班级管理方法，提升班级管理水平。其次就是教师要加强自我提升。教师对学生进行管理时先要管理好自己，小学生都具有向师性，教师的一举一动都会在无形当中影响学生。因此，教师应该通过不断学习，提高专业素养，增加班级管理知识，让自己充满学识，不断学习研究新型的班级管理体制和方法，做一名研究型教师，同时在管理学生时不断进行自我反思，在改进中不断得到提升。

（三）建立民主、开放的管理原则

1. 选拔培养班干部

班级管理在很大程度上是学生自己的事，教师应充分发挥学生的主体作用，在管理学生时更多地体现民主原则。教师培养班干部管理班级就是尊重学生主体性的一种体现，因为学生管理学生更容易接近和融入学生群体。在对班干部进行选拔时一定要采取公平公正、自由选拔的方式，学生之间进行良性竞争，充分体现选拔的民主性；根据选拔结果，教师再根据学生的能力和责任感等进行挑选，组成干部群体；在班级管理的过程中，每个班干部轮流进行班级管理，管理中出现问题时，班干部之间也可进行讨论交流，这样的管理既能体现科学性，又能体现民主性。

2. 充分发挥学生的主体作用

教师对学生的管理并不是一家独大，专制蛮横的管理方式可能因学生屈服于教师的权威而有暂时的成效，但是长此以往学生逐渐熟悉了教师的性格和管理风格以后，就不再屈服于教师专制的管理方式，从而也就渐渐出现顶撞教师、不服从管理的现象。因此，教师一定不要在管理中以自己为中心，应该更多地关注学生，充分发挥学生主体作用，让学生自己管理自己。每个学生都有管理自己和管理他人的能力，只是这种能力暂时没有被激发出来，教师需要做的就是激发学生的潜在管理能力，让学生在班级管理中更好地发挥作用，让民主管理的意识潜移默化地影响学生，使学生真切体会到教师管理是为了他们更好的发展，而不是为了管理而管理。

3. 确立民主与集中相结合的管理理念

教师在班级管理过程中进行民主管理的同时也不能放弃集中管理，要将民主与集中管理相结合的思想融入整个班级管理体系当中。"新"小学班级管理的主题虽然更多强调民主，让学生在班级管理中发挥主体作用，班级各项规章制度的设立要充分体现学生的意志，但是教师在充分考虑学生意见的前提下也要发挥自身的主导作用，实行集中管理。因为在某些方面学生的心智和决策能力是远远低于成人水平的，做决策时往往考虑的因素不全面，从而做出的决策可能会使集体利益受损，所以教师既要集思广益，也要结合具体问题具体分析，最终将决策权集中于教师身上，形成科学有效的决策，提高管理效率。

4. 加强家校合作

对学生的管理不仅仅是学校和教师的工作，还是家长的工作。小学教育管理者应重视家庭教育，加强学校教育和家庭教育之间的配合，让家长参与到班级管理的过程当中，体现管理的开放性和透明性。例如，可以通过现代化的交流工具与家长进行联系，及时将学生在校表现与家长进行沟通，让家长更多地了解学生在校的学习发展情况，从而有针对性地配合教师和学校的工作，提高对学生的管理效率。同时，教师也可成立家委会，以处理班级中各种事务，让家长参与进来，更方便教师的班级管理工作。教师在这一过程中一定要注意尊重家长，以学生的发展与成长为基础，善于倾听家长的意见，掌握一定的沟通技巧与方法，多通过家访和在线会议来与家长沟通，从而得到家长认可，更好地服务于学生的健康成长。

（四）提升学生的自主管理能力

1. 建立多样化小组，实行自主管理

学生进行自主管理时，首先要树立自主管理的意识。学生只有拥有自主管理的意识，才能更好地实施民主化的、科学化的管理。而学生的自主管理意识需要教师进行培养，在班级中营造一个合作学习、探究学习的氛围，让学生学会独立思考，培养学生的独立思维能力。学生在合作学习、自我管理的环境氛围中，会主动形成合作、参与的意识，从而逐渐形成自我管理的意识。同时，教师在平常的教育教学工作当中，逐渐向学生渗透自主管理的知识，并组织各种活动来锻炼学生的自主管理能力。其次，建立多样的管理小组。教师在设置班级小组时不要只设置一个学习小组，要尽可能多地设置一些负责班级不同职责的小组，如纪律小组、卫生小组、文体小组等，并在每个小组内安排一名小组长来协调小组的工作和负责的事项，将班级管理工作下放到以小组为单位，小组工作再具体到个人。这样就能使每个学生都能参与到班级管理当中来，大幅减少了教师在班级管理中的工作量，既减轻了教师的压力，也锻炼了学生的自主管理能力，大大提高了管理效率。

2. 教师正确引导，发展性评价

虽然小学生具有自主管理意识和管理能力，但是他们毕竟是未成年人，各方面发展尤其是思维发展还不成熟，在班级管理的很多方面都需要教师的正确引导。比如，在各种小组建立的初期，学生各方面的协调能力和组织能力都还不成熟，对教师会有很强的依赖性，因此，教师在对学生的工作提出明确的要求后，对于小组或者学生个人出现的管理问题要及时解决，对于学生出现的困惑要及时指导和帮助，让学生逐步学会自主管理。当然，学生在进行自主管理的同时，教师还要对学生管理进行评价。教师对学生的管理进行评价一定要做到客观公正，采取促进学生健康成长的发展性评价，使学生的自主管理能力得到发展性成长。教师对学生自主管理进行评价时还要做到评价主体多元化、评价内容多元化和评价方式多元化，不能只按照一种评价方式评价某一部分学生的管理能力，要采取多方面的评价机制，丰富评价方法，从而实现班级管理的

科学性和有效性。

（五）加强学生常规管理

1. 筑牢学生安全防范意识

处于小学阶段的学生身心发展不够成熟，无论是身体方面还是心理方面都是十分脆弱敏感的，若教师安全教育不到位，学生安全意识薄弱，就极易发生安全事故。因此，学校和教师在教育教学过程中要始终把学生安全放在首要位置，提高学生自我保护能力。首先，学校要建章立制、规范管理。学校要设立一整套科学完整的学校安全章程和管理体系，学校领导小组要加强安全巡查，定期开展安全应急演练，如消防、防震演练等，同时设立安全检查评价标准，对于学校安保人员的失职行为要严格落实责任追究机制。其次，教师要在班级中定期开展安全教育工作，定期以主题班会的形式向学生宣讲安全小常识，让学生真正把安全意识内化于心、外化于行，提高学生自我保护能力。

2. 加强学生学习监管力度

小学生的学习常规管理可以从课前预习、上课、课后作业辅导这三方面来进行规范。这三方面的管理都与学生的自主管理密不可分，而教师在学生学习管理方面应起到关键作用。小学生正处于一个良好学习习惯的养成期，也是可塑性比较强的一个阶段，教师在日常教学中与学生打交道最多，应该注重学生学习习惯的养成，纠正学生不良行为，引导学生树立正确的学习观。在课前预习方面，教师可以充分利用班级中设立的学习小组，先给学生布置好预习任务，让学生自主预习，小组长负责引导，组员之间互相督促并检查预习成果，从而有利于学生初步理解新知识。在上课方面，教师可以运用制度监管，采取小组积分制等形式来管理课堂纪律和调动学生学习积极性，根据学生的课堂表现，教师可以酌情增减小组分数，让学生遵守上课秩序，提高学习效率；教师也可以实行组间监督或组内监督，让小组之间或小组内部形成竞争，从而使学生无论在纪律方面还是学习方面都能保持较好水平。在课后作业辅导方面，教师应引导学生养成制订计划的习惯。教师应协助学生制订个人学习计划，让学生的学习更有针对性，做到科学合理、劳逸结合；同时教师也应充分发挥班委或小组长的引领带头作用，把更多的常规工作下放给学生自主管理。

3. 注重学生心理辅导

随着我国教育改革力度的不断加强，教育部门和社会越来越重视学生心理健康方面的发展。而小学生由于身心发展水平不成熟、不全面，心理承受能力较差，因此小学生群体更容易出现各种各样的心理健康问题，这就需要学校和教师采取相应措施来加强学生心理健康教育。首先，在学校层面，学校管理者可以定期开展心理健康教育讲座，帮助学生更好地了解自身心理状况，同时加大教师心理教育培训力度，给每个班需要心理干预的学生单独建档，并把学生心理健康教育工作纳入教师考核，从多维度对教师心理健康教育工作进行评价，提高教师重视度。其次，在教师层面，尤其是班主任应不断提高自身素质，加强对心理健康教育的研究，定期开展心理健康教育课程，疏导学生不良情绪，定期开展个别对话，及时发现学生心理异常，早发现、早引导、早治疗，防止学生出现严重的心理障碍。同时，班主任也应加强家校联系，增进与出现心理问题的学生家长的沟通，引导家长注意学生的心理状态，及时了解学生在家的异常表现，形成家校合作，从而助力学生身心健康发展。

小学阶段是整个教育教学阶段的特殊环节，小学生是具有自身鲜明特征的个体。面对小学生群体的特殊性，教师在班级管理过程中要努力营造宽松舒适的班级环境，班级管理要以人为本，体现人性化管理，遵循小学生身心发展规律，尊重小学生的个性，并在管理中将理论与实践相结合。小学班级管理是一项复杂烦琐的工作，教师在管理过程中难免会遇到各种各样的问题及困惑，同时新的问题会不断涌现，这就需要教师找寻问题解决的策略与方法，通过自身实践研究，根据当前小学生学段特点和行为规律，从多方面来探讨小学生班级管理存在的问题，并结合时代背景和自身教学实践经验，运用一定的策略来解决相关问题。总之，教师要转变管理理念，提倡民主管理，让每个学生都能在教师的管理下获得归属感，让学生充分发挥自主管理能力，体现学生的班级主体地位。

第四章 "新"小学的教与学

第一节 "新"小学的课程与教学概述

习近平总书记在党的二十大报告中明确指出："教育是国之大计、党之大计。培养什么人、怎样培养人、为谁培养人是教育的根本问题。育人的根本在于立德。全面贯彻党的教育方针，落实立德树人根本任务，培养德智体美劳全面发展的社会主义建设者和接班人。"[①] 学校是培养人才的场所，课程是学校实现教育目的的手段，教学则是学校实现教育目标、培养全面发展人才的主要途径。课程改革是当代教育改革的核心，课程研究与教学研究同样重要。

一、"新"小学课程的内涵

（一）课程的定义

课程是一个发展的概念，归纳而言主要存在以下定义。

1. 课程即教学科目

将课程等同于教学科目的观点由来已久，如我国古代的"六艺"、罗马的"七艺"。《辞海·教育心理分册》将课程解释为"教学的科目。可以指一个教学科目，也可以指学校的或一个专业的全部教学科目，或指一组教学科目"[②]。目前，学制课程改革已经明确将综合实践活动列入课程，说明将课程等同于科

---

① 习近平. 高举中国特色社会主义伟大旗帜 为全面建设社会主义现代化国家而团结奋斗——在中国共产党第二十次全国代表大会上的报告［EB/OL］.（2022－10－2）［2024－10－05］. https://www.gov.cn/xinwen/2022－10/25/content_5721685.htm.
② 辞海编写组. 辞海·教育心理分册［M］. 上海：上海辞书出版社，1980：5.

目的观点不全面。

2. 课程即目标或计划

钟启泉在《现代课程论》一书中阐释："课程是旨在遵照教育目的指导学生的学习活动，由学校有计划、有组织地编制的教育内容；从学校的教育计划这个侧面出发，也可以归纳成这样一个定义：旨在保障青少年一代的健全发展，由学校所实施的施加教育影响的计划。"①

3. 课程即学习经验

杜威根据实用主义经验论，认为课程主要指学生在教师指导下或自发获得的学习经验。将学生的直接经验放置于课堂中心是其突出特征。我国以学者靳玉乐为代表，认为课程是"学生通过学校教育环境获得的旨在促进其身心发展的教育性经验"②。

4. 课程即文化再生产

以鲍尔斯和金蒂斯为代表，认为任何社会文化中的课程，事实上都是此种社会文化的反映，学校的职责就是将特定社会文化中有用的知识和价值传给下一代。其意义在于反思课程不应该不加批判地再生产社会文化，现存的社会文化并非想象的合理。

概言之，课程不仅包括各级各类学校开设的全部学科，也涵盖学校有目的地开展各种活动，以及学校内其他影响学生发展的各种潜在的教育影响。它是为实现学生个性的全面发展而营造的学校环境的全部内容。

5. 课程即社会改造

弗莱雷在《被压迫者教育学》一书中提出课程不是要学生顺从或适应社会文化，而是帮助学生摆脱社会制度和束缚，进行社会改造，培养具有社会改造能力与意识的人③。更有一些激进的教育家认为课程应该把重点放在当代社会的主要问题和弊端、学生关心的社会现象，以及改造社会和社会活动规划等方面，课程应该有助于学生在社会和批判意识方面得到发展，帮助学生学会如何

---

① 钟启泉. 现代课程论［M］. 上海：上海教育出版社，1989：177.
② 靳玉乐. 现代课程论［M］. 重庆：西南师范大学出版社，1995：65.
③ 保罗·弗莱雷. 被压迫者教育学［M］. 顾建新，赵友华，何曙荣，译. 上海：华东师范大学出版社，2001：102.

参与制定社会规划。

（二）"新"小学课程内涵的趋势

随着我国教育改革的不断深入，尤其是基础教育课程改革的全面展开，"新"小学的课程内涵正在发生深刻变化，主要呈现以下趋势。

1. 从强调学科内容到强调学习者的经验和体验

传统教育强调学科内容，强调教师的主导作用和系统知识的传授，课程等同于学科内容，忽视学生的主动性，不关心学生的学习状态。而现代课程越来越关注学生在现实生活中的经验和体验，主张学生在现实经验的基础上整合学科知识。

2. 从强调目标、计划到强调过程本身的价值

人是创造的主体，当特定的教学情境中教师和学生的主体性得到充分发挥的时候，这种教学的进程必然是富有创造性的，必然存在许多非预期的因素，正是这些创造性的、非预期的因素拥有无穷的教育价值。因此，课程开始走出预期目标、计划的限制，关注教学过程中课程的教育价值，强调"过程课程"。当然，这并不是不要目标、计划，而是把目标、计划结合到教学情境中，使之促进而不是抑制人的创造性的发挥。

3. 从强调教材这一单因素到强调教师、学生、教材、环境四因素的整合

片面强调把课程作为学科内容和目标、计划，必然导致把教材等同于课程的现象，而强调把课程作为学生的经验，强调教育教学过程本身的价值，必然会把课程视为教师、学生、教材、环境四因素间交互作用的动态情景，这便赋予了课程以生命力，让课程由此变成一种动态的、生长性的"生态系统"和完整文化。这意味着课程观念的重大变革也必然导致课程内容的全面更新。

4. 从只强调显性课程到强调显性课程与隐性课程并重

在传统的教育教学中，只强调国家规定的学校教育中有计划、有组织地实施的正式课程，即显性课程，而忽视学生在学习环境中学习到的非预期或非计划性的知识、价值观念、规范和态度，即隐性课程。事实上，学生无时无刻不受着来自环境的各种影响，学校应为学生创设宽松、自由、真实、富有创造性

的教育教学环境，促进学生对显性课程的学习动机与兴趣的产生，提高学习效率，二者相得益彰。因此，课程发展的趋势将是显性课程与隐性课程并重。

5. 从只强调学校课程到强调学校课程与校外课程的整合

随着信息社会的到来，学校教育越来越呈现出一种开放形态，学校、家庭、社区越来越倾向融合。课程变革不能固守学校课程的疆域，而应包括广阔的富有教育意义的校外社会环境。学校教育培养出来的学生也不再是那种只会死读书的书呆子，他们必须了解社会，掌握为社会服务的本领，具有较强的社会适应能力，这就需要将学校课程与校外课程进行有效整合。

6. 从只强调知识传授到强调学生三维目标观的树立

传统教育过于注重知识传授，将教师放在课堂的主体地位，学生被动学习知识，导致"满堂灌"的现象，消磨了学生学习的主动性。课程内容枯燥、形式单一等，难以充分调动学生的积极性，激发学生的学习兴趣，提升学习效率。因此，学校的课程应强调形成学生积极主动的学习态度，使学生在获得基础知识和基本技能的同时学会学习和形成正确的价值观。

从总体上审视课程内涵的发展趋势，至少在四个方面昭示了对课程理解的变化：一是重心转移。由"应该给予学生什么"和"教师教了什么"转向更关注"学生实际获得了什么"。二是焦点调整。由聚焦学习的结果转向寻求结果的过程，即尝试、探索、合作等，它对于激发学生的学习动机、教会学生学习、培养创新精神和实践能力、发展学生的个性有不可替代的作用。三是视野拓展。由传授人类共同的经验到学生在课程中得到的个性化的经验与体验，以及潜移默化地获得的一切经验。四是构成扩充。由课程扩充到教师、学生、教材、环境的共同作用①。

二、"新"小学教学的内涵

（一）"新"小学教学的概念

"新"小学教学是在一定教育目的规范下，在教师有计划的引导下，学生能动地学习、掌握系统的课程预设的科学文化基础知识，发展自身的智能与体

---

① 魏青. 教育学［M］. 成都：西南交通大学出版社，2014：191-192.

力，养成良好的品行与美感，逐步形成全面发展的个体素质的活动。简言之，教学是在教师引导下学生能动地学习知识以获得素质发展的活动，是教师和学生的双边活动过程。

（二）"新"小学教学的任务

"新"小学教学的任务应反映一定社会对教学的要求，应体现教育为社会主义建设服务和培养全面发展人才的特点。教学任务还应反映学生的年龄特征，根据学生在一定年龄阶段所表现出来的典型的生理和心理特征来确定新任务，使它更具有针对性和现实性。另外，教学任务还应反映教学过程本身的规律性，从而保证有效地实施教学任务。随着时代发展，"新"小学教学的任务呈现新的特征，主要表现如下。

1. 引导学生掌握系统的科学文化基础知识和基本技能

知识是人们对客观世界的现象、事实和规律的认识，是人类实践经验的概括和总结。它是人们认识世界、改造世界的精神武器。由于知识的不断积累和发展，特别是当代世界科学技术的迅猛发展，知识已形成一个博大深广的系统，其门类和内容几乎是无限的，且还在以越来越快的速度增加。小学是基础教育阶段，不可能也没有必要将全部知识纳入其中，只需选择知识系统中那些符合现代社会需要的基础知识，并将这些基础知识按照严密的逻辑顺序和学生身心发展规律编写进各科教材。通过教学，学生有效地掌握各门学科的概念、定理、公式、法则等，在掌握基础知识的基础上，实现知识的正迁移，为今后继续学习、适应社会生活和从事社会劳动等打下必备的科学文化基础知识。因此，传授和学习系统的科学文化基础知识，是教学的基本任务。

技能是指运用一定的知识，通过练习而获得的能够顺利完成某种任务的一个较为稳定的力作系统。基本技能指各门学科中最主要的、最常用的、最基础的技能，如阅读、写作、计算、制图、实验技能。基本技能是学生运用知识完成活动的必要条件，教师应按照教学大纲中对培养学生基本技能的明确规定对学生进行训练和培养。一般来说，知识是技能形成的基础，而技能的形成又有利于进一步理解和掌握知识，教师应该在传授基础知识的同时，加强对学生基本技能的训练，使二者相得益彰。

2. 发展学生的智力和体力

智力是指个体在认识过程中表现出来的认识能力。它包括观察力、注意力、记忆力、想象力和思维力，其中思维力是核心。智力是能力的组成部分，属一般能力的范畴。智力大都是在遗传素质的基础上，在后天环境和教育的影响下，经过个人在实践活动中的主观努力而发展起来的，是人们顺利进行一切活动所必需的能力。现代社会生活复杂多变，科学技术日新月异，人类知识迅速增长，而能够编进教材的知识有限，学生在校学习的时间也是有限的，仅仅靠学校传授的知识远远不能满足社会发展的需要，只能通过发展学生的智力，才能提高他们的学习效率和知识质量，使他们能够独立地获取知识，探求真理，创造出新的独特的具有社会价值的产品，为社会发展服务。

发展学生的体力，也是教学中一项不可忽视的任务。教师必须传授学生学习生理卫生、体育运动知识和技能，培养良好的卫生保健和体育锻炼的习惯，保证学生健康地成长，促进学生体力的全面发展。

3. 培养学生的非智力因素

非智力因素主要是指在认识客观事物、掌握知识过程中的情感、意志、兴趣、动机、性格等心理因素。人们习惯性地比较重视智力因素的培养，认为有了良好的智力因素便能顺利地完成各项活动，往往忽视对学生的非智力因素的培养，结果造成部分学生缺乏积极健康的情感和克服困难的坚强意志，对挫折的承受能力较差，甚至性格怪僻偏执，对学习及一切活动缺乏兴趣和主动性，给学生的成长和发展带来严重的危害。因此，应将培养学生的非智力因素作为教学任务来抓，通过丰富多彩、生动活泼的教学，激发学生的学习动机和学习兴趣，培养学生良好的情感、意志和性格品质，使学生主动地学习，健康地成长。

4. 教会学生学习，培养自学能力

教会学生学习是指在教学中，不仅要教给学生知识、技能，而且要教给学生独立获取知识和独立发展自己智力的方法和能力。现代社会知识的增长和更新的速度很快，人们在学校期间掌握的知识是有限的，且很快便会不适应社会的需求。如果学校只灌输知识，不教会学生学习，学生不懂得如何学习，对学习感到厌烦或束手无策，把学习当作负担，走上社会以后，就会既不懂得发展自己的方法，也没有发展自己的愿望。

教是为了"不教"，为了实现这一目标，教师应有意识地对学生进行学习方法、学习能力的培养，提高学生学习的自觉性，帮助学生掌握学习的一整套方法。教师通过严谨的教学，充分发挥教学的示范作用，让学生从教师的教学

中学到获取知识的方法，培养学生的自学能力。自学能力是现代人应具备的基本能力，人的一生中相当大一部分知识是通过自学获得的。因此，教学生"会学"比教学生"学会"具有更重要的意义。

5. 奠定学生科学世界观的基础，养成良好的道德品质

教学是学校进行德育的重要途径，中小学生正处在世界观迅速发展和逐步形成的关键时期，因此，奠定学生科学世界观的基础，养成良好的道德品质，既是社会主义社会的要求，又是学生自身发展的需要。教学永远具有教育性，没有单纯传授知识的教学，教学中处处都渗透着思想教育的因素。教师应有目的、有计划地根据各科教学的特点，帮助学生辨别是非，评价善恶，加深对道德规范的认识，奠定良好的世界观基础和培养良好的道德品质。

总之，教学的五项任务是一个统一的整体。各项任务之间有着互为前提和基础并且相辅相成、相互促进的关系，应该全面考虑，不可偏废。只有这样才能树立正确的教学任务观，从而全面实现教学目标，培养全面发展的合格人才。

三、"新"小学课程与教学的关系

关于课程与教学的关系，可归纳为以下四种类型。

一是独立关系。其认为课程和教学相互独立，互不交叉。如布鲁纳主张"将课程和教学看成分离的实体"[①]。

二是包含关系。第一，大教学小课程观。苏联教育家以及我国的部分学者认为，教学是上位概念，课程是包含于其中的，只是教学的一个部分。这时的"课程"实际上是"教学内容"的代名词。第二，大课程小教学观。它认为课程的涵盖范围要宽于教学，教学只不过是课程的一个组成部分，教学只是指课程的实施与设计。泰勒的课程原理就是把教学囊括于课程之中。

三是融合关系。其认为课程论和教学论应该成为相互融合的一门学科，而不应该是相互独立或包含的关系。

四是课程与教学是目的和手段、内容和形式的关系。西方一些学者提出，课程主要强调学习的范围，即"教什么"的问题；教学主要强调教师对学生引导的行为，即"怎么教"的问题。

---

① Bruner，J. S.（1960）. The Process of Education. Harvard University Press.

第二节　"新"小学的课程

课程是达到教育目的、实现培养目标的手段或工具，也是决定教育质量的重要因素。它是由育人目标、特定知识经验和预期的学习活动方式构成的一套计划和设定。从育人目标来看，课程是培养人的蓝图；从课程内容看，课程是适合学生身心发展规律的、连接学生直接经验和间接经验的、引导学生全面发展的知识体系和获取途径。

一、新时代我国课程呈现的新变化

新时代，知识、科技、劳动的联系愈加紧密，科学技术的进步更新了学校的教学内容，拓宽了教育对象的知识领域，既为人们未来发展提供了广阔的空间，也对人们的综合素质提出了更高的要求。新时代，面对新变化，我们更需要用新的手段、方式提升教育质量，尤其是促进基础教育的发展。《人民日报》在 2021 年 11 月发表了一篇题为《以课程升级，呼应时代变化》的文章，其中有这样一段话："用课程内容的变量回应日新月异的增量。"为了使学生适应未来社会的变化需要，应着重增加课程结构设计的丰富性，让课程迭代紧跟时代脚步。

我国将课程类型分为国家课程、地方课程、校本课程。课程内容既能展现一个国家整体的教育水平，也能映射一个时代发展的方向。在此之前，2021年 7 月中共中央办公厅、国务院办公厅还印发了《关于进一步减轻义务教育阶段学生作业负担和校外培训负担的意见》[①]，其中，提升学校课后服务水平，满足学生多样化需求；大力提升教育教学质量，确保学生在校内学足学好等一系列的要求加速了学校课堂教学内容的转变。越来越多的中小学课堂，出现了人工智能教育身影以响应科教兴国；开设特色课程，鼓励学生动手探究；与科技馆等联动，探索科普前沿科技的奥妙……国家课程、地方课程、校本课程的"打开方式"日益丰富，既能点亮学生的好奇心，也能激发学生的想象力[②]。

---

① 关于进一步减轻义务教育阶段学生作业负担和校外培训负担的意见 [M]. 北京：人民出版社，2021：3.

② 陈云龙. 以课程升级，呼应时代变化 [N]. 人民日报，2021-11-24 (12).

综上所述，新时代背景下，基础教育课程无论是方式、内容还是手段都呈现了新的变化，无论是国家课程、地方课程还是校本课程都在社会发展的大背景之下呈现了新态势。因此，厘清新时代背景下小学国家课程与地方课程、校本课程的内涵、特征以及三者的关系，是未来课程升级、改进的必然要求，也是为国家培养新式人才的必要条件。

二、"新"小学课程的类型

基于当前新时代背景下，国家课程、地方课程、校本课程呈现了新态势，新的课程标准也对不同学科的课程性质、课程理念提出了新要求。越来越多的小学十分重视自身学校的校本课程开发，开发具有自身特色的校本课程，形成课程文化，塑造学校品牌。了解国家课程、地方课程、校本课程的内涵、特征是了解三者关系的理论基础。

（一）国家课程

国家课程有广义和狭义之分。广义的国家课程是指国家有关部门制定和发布的各种课程政策，比如教育部制定、发布的课程管理与开发政策、课程方案，各类课程的比例和范围，教材编写、审查和选用制度等。而狭义上，国家课程是指国家委托有关部门或机构制定的基础教育必修课程或核心课程的课程标准或大纲。然而，无论是广义的还是狭义的国家课程，都集中体现了国家的意志，是衡量一个国家基础教育质量的主要因素。从当前基础教育阶段国家课程的教育方式、内容、受众群体等要素考量，国家课程主要有以下特征。

第一，权威性。国家课程的权威性体现在国家、政府赋予的合法性。《基础教育课程改革纲要（试行）》提出，基础教育教材编写者应根据教育部《关于中小学教材编写审定管理暂行办法》向教育部申报，经资格核准通过后，方可编写①。虽然这项标准同样适用于地方课程和校本课程，但是相对于课程、课标的编订者，国家课程权威性可见一斑。

第二，统一性。以基础教育阶段语文科目为例。2017 年 9 月新学期，全国小学和初中起始年级使用"部编本"语文教材。这项规定的发布，结束了"一纲多本"的教育时代。全国同一年级的中小学生依据《义务教育语文课程

---

① 许洁英. 国家课程、地方课程和校本课程的含义、目的及地位［J］. 教育研究，2005（8）：32.

标准》的要求，学习"同一本"语文教材，这些要求均是国家课程统一性的具体体现。

第三，强制性。国家课程的制定、发布、实施等一系列流程都由国家教育部门统一规定。尤其在基础教育阶段，国家课程是每一个适龄的青少年在校期间必须完成的相关课程，也称为"必修课程"。地方课程和校本课程只有在国家课程实施好的前提下才能够开设。这些集中体现了国家的意志，也体现了国家课程实施的强制性。

第四，普适性。基于对各个学段课程标准的解读，可以认识到国家课程标准似乎是对学生在经过某一学段后的学习结果和行为的描述而不是对教学内容的具体规定。它是国家制定的每一学段全体学生应该达到的统一的基本要求，而不是最高要求。相较于地方课程和校本课程，国家课程的内容基于绝大多数学生的基础水平，是绝大多数学生都可以完成的标准。

（二）地方课程

地方课程也包含着广义和狭义两种概念。广义的地方课程是指在某一地方实施和管理的课程，既包括地方对本地国家课程的管理和实施，也包括地方自主开发的只在本地实施的课程；而狭义的地方课程专指地方自主开发、实施的课程。在一般情况下，人们所谈论的地方课程都是狭义的地方课程，地方课程主要有以下特征。

第一，地域性。地方课程是不同地方根据地域经济、文化发展情况或社区发展所面临的现实问题及其对未来成员的特殊发展要求而制定的。它离不开特定的社区需要与课程资源，从一开始就根植于特定地域并始终面向该地域，因此，它在适用范围上必然具有鲜明的地域性。

第二，民族性。不同民族的历史、文化、教育都有其特点。民族聚居区不同，其面临的具体现实问题也有不小的差别。地方课程的开发，一定要注意民族性的差异，在坚持国家教育的基本目标与尊重民族习俗、关注本民族现状之间走出一条适中的新路。

第三，文化性。地方课程是依照地方的经济、文化发展水平而开发制定的，各个地方在长期的历史变迁及特定地理环境的作用下，必然会形成具有浓郁地方特色的文化资源。而这些文化资源作为地方课程资源的重要部分，必然引起课程开发者的重视和利用，进而努力挖掘其蕴含的教育价值。

第四，针对性。地方课程开发的目标，即针对地方的实际需要，是为解决本地、本社区在历史、经济、文化发展中所经常遇到的问题或当前面临的困境而设计的。

第五，适切性。从课程内容上看，地方课程不同于国家课程中的学科课程，它不要求科目的均衡完整，也不刻意追求理论知识的系统、连贯、深刻、完整，它强调的是课程内容的适切性。所谓课程内容的适切性，包含以下两个方面：一是注重课程的时代性，二是注重课程的现实性。

第六，灵活性。与国家课程相比，地方课程具有较大的灵活性。与国家课程的长期性、固定性不同，地方课程更具有即时性与变动性，它需要根据地方社会生活和社区发展的现实变化，适应地方经济、文化水平的发展，实时做出相应的调整。

（三）校本课程

校本课程也包含着广义和狭义两种概念。广义上，校本课程是指学校所实施的全部课程，既包括学校所实施的国家课程、地方课程，也包括学校自己开发的课程。而狭义的校本课程专指学校在实施好国家课程和地方课程的前提下，自己开发的符合本校实际的、具有学校自身特点的课程。我国丰富的历史底蕴，形成了东西南北各具特色的优秀传统文化，而这些文化自然就成为各个学校校本课程开发利用的天然文化资源。文化的多样性造就了课程的多样性，因此，我国的校本课程主要有以下特征。

第一，多样性。通常我们理解的校本课程更倾向于狭义的校本课程，即学校自己开发的符合本校实际的、具有学校自身特点的课程。由于每所学校生源质量、办学质量、教学资源有所差异，每个学生的心理发展既具有普遍性又有差异性，因此每个学校制定的校本课程也就带有本校的办学特色。

第二，全面性。校本课程更加注重学校全体教育工作者共同参与；为每一个学生创设合适的课程，在实施好国家课程的基础上，关注每一个学生，并将全部学生的发展纳入学校层面总体课程建设；分年级、分学段、分学科全面地进行课程整体规划；学习内容既涉及学科课程，又涵盖活动课程和新隐性课程。

第三，具体性。校本课程更加注重实践，强调具体性，将一般的课程具体化。具体体现在将国家课程改革与地方课程的要求转化为学校课程层面上的具体课程产品，并置身于师生教与学互动的第一现场。校本课程强调学校在设计课程时关注每一个学生的实际情况，设计适合本校学生学习的课程。

第四，统整性。首先，校本课程并不是脱离国家课程和地方课程而独立开发的，而是依据学校的培养目标，结合学校自身办学特色，形成的贯穿整个年级或整个学校的课程规划。其次，校本课程注重课程情境分析、课程整体规划、课程设计和实施，关注教育实施的整个过程，而非一个班的教学目标或一堂课的教学设计。

三、"新"小学国家课程与校本课程的关系

从 21 世纪初到现在，伴随着基础教育改革，课程体系也在持续地灵活调整以确保课程改革的有序、有力且有效地深入推进。鉴于此，新小学的国家课程与校本课程关系特征如下。

（一）地位上：国家课程为主，校本课程为辅

为贯彻党的二十大精神，落实立德树人根本任务，完善基础教育课程体系，发挥地方课程和校本课程的育人功能，2023 年 6 月，教育部发布《关于加强中小学地方课程和校本课程建设与管理的意见》，明确强调以习近平新时代中国特色社会主义思想为指导，坚持为党育人、为国育才，激发地方课程和学校课程建设活力，构建以国家课程为主体、地方课程和校本课程为重要拓展和有益补充的基础教育课程体系，增强课程适应性，实现课程全面育人、高质量育人。

自"双减"政策实施以来，各个学校开始推出相应的课后延时服务，而延时服务不同于课堂教学，需要学校、教师根据学生的自身特点去发掘。对于小学阶段的大多数学生而言，完全可以在当天消化掉课堂所学的知识点，教师就可以根据学生的兴趣在延时课中适当地拓展，开发更多的地方课程、校本课程。天府一小的课程建设理念为：从"天府小学校"迈向"蜀中大雅堂"，即把愿景、使命、价值观统一起来，齐力构建"学生、老师、家长的幸福共长的中心体"。鉴于此，学校以小学国家课程为主体，以区本、校本课程为两翼，强化基础课，具化"拓优"课，"实化""生习"课，构建出以"国家课程＋"为理念的"雅正"课程。学校建立长短课结合、课内外并举、多学科融合的教学体系，最终达到深化国家课程、增加国家课程宽度和厚度的目的。以学校课程建设理念为根，基于"双减"政策的背景下，天府一小在原有的课程体系基础上，调整课程内容，结合学生兴趣和教师专业背景开发校本课程等，既为学生减负又为学生加趣，亦加亦减，打造新时代背景下学校课程体系。

（二）内容上：国家课程校本化，校本课程特色化

各个地区积极响应减负政策，减去学生过重作业负担和校外培训负担，使学校回归教育理性，从而进一步提升教育教学质量和服务水平。让学校回归教育理性，突出学校教育的主体性，既要展现教学策略研究的重心和着力点，也要提升课程实施水平，实现国家课程校本化、地方课程活动化、校本课程特色化。按照狭义的理解方式，国家课程与校本课程虽然属于两类课程，但是并不影响两种课程相互结合。从短时间看，国家课程的内容可能是一成不变的，但内容传授的方式可以多样化。教师在授课时可以抛开课程标准，按照所教学生的特点安排教学内容；同时，校本课程的内容安排和设置可以以国家课程内容为依托，对国家课程教材进行转化，使教学内容既不超出学生认知水平，又具有校本特色。纵观天府一小的课程结构：学生、老师、家长的幸福，即润养于"雅正"文化下的一切生活和学习、陪伴和成长。"雅正"课程以关注全体人的全面发展为核心，凝聚学生、教师、家长之力，共同参与课程开发与实施。以学生课程为轴心，叠加教师课程，牵引家长课程。教师课程、家长课程最终服务于学生课程，三大模块相辅相成，凝聚课程力，共同促进学生、教师、家长在"五育融合"课程实施中的全面发展。

天府一小在办学理念上，一切以学生为中心，为所有助力家校共育的人构筑交流平台，沟通教育理念，实践教育行为，让"博雅"教师成为"引路者"，让"宽雅"家长成为"陪伴者"，让"活雅"学子成为"成长者"，三者共同在这个合力场中幸福生长。

（三）手段上：校本课程是对国家课程内容的具体化展现

基础性和全面性是国家课程区别于校本课程两个最明显的特征。国家课程的编订者在编订课程内容时考虑的受众群体应是所有适龄儿童，而校本课程编排的主要目的则是增加本校学生的学习兴趣，其教材的编著强调可读性和通俗性。校本课程的本土化使得其在编排体系、教材风格以及教学形式上与国家课程有着明显区别，但正是校本课程的存在，才将国家课程内容的精彩之处展现得各具特色。

四、"新"小学课程实施的策略

（一）强化基础课程

基础课程以国家课程为根本，落实国家课程的基本内容、结构、课时，基于课程标准实施教学，保证学生基础学力的养成，保证学生多样经验（知识和技能）的积累。同时，基于国家课程计划拓展学科的广度与厚度，建构学生具备鉴赏力与判断力的根基，使学生学业负担适宜、学业成绩优秀，引导学生会学习，智慧学习，从而具备相当的常识、专门的智识，有遇事能"断"的智慧，而不惑。

天府一小基础课程中的语文、数学、英语、体育四门课程，以延长课时而实现"国家课程＋"；音乐、体育、美术，以学科知识点或关键能力点为教学基本，形成"为己所用"的国家课程校本的实施格局。天府一小在语文课程上，以核心素养为导向，探索"群文"课堂教学。2023 年 6 月 8 日，四川天府新区 2023 年"群文"阅读研修班专项培训活动在天府一小成功举行。四川天府新区教育科学研究院教研员成瑞玲、新区各小学语文骨干教师、天府一小语文学科全体教师近百人相聚"雅园"，借观摩与交流共探"群文"阅读的知与行，在思辨中增加认识、更新自我，拓展"群文"阅读教学新视野。在体育课程上，天府一小实行每月一次"冠军进校园"，这是学校纵深推进天府新区"体教融合"改革所呈现的亮点之一，旨在不断汇集"家校社"协同育人资源，丰富学校教育活动，扩容课堂广度、挖掘育人深度。2023 年 10 月 16 日，"四川天府新区第一小学张颢冠军工作室成立仪式"成功举行，亚运会轮滑首金获得者张颢和全国轮滑锦标赛冠军蒲昊洋一同来到现场，与师生展开零距离互动交流。张颢与蒲昊洋进行了专业的表演，还分享了自己的冠军之路，鼓励学生发扬勇于拼搏的体育精神，认真学习文化知识，积极参加体育锻炼，争当祖国未来的建设者。

（二）具化拓优课程

拓优课程是学生成长需要的补充性校本课程，分为"小城"劳动课程和课后服务课程。课程的开发充分考虑学生的需求与意见，根据学生的个性和特长，基于学生的潜能，增加学生选择学习的机会，满足持续发展、个性发展需要，以及重视差异化教学和个性化指导，让学生可以在其中发展自己的特长、蓄力创新的力量，从而成为更好的自己，拥有自信而不惧。

天府一小劳动教育的课程体系建设围绕 8 个字展开：时间为经，内容对标——基于目标设定，以时间为"经"，回应"国家劳动课程内容结构"即劳动任务群的导向，纵横交织地建立了多层次、多元化的"小城"课程体系并作为实施劳动教育的内容。每日两课、每周两课、每期两课和每年两课，不同的时空以不同的劳动项目为教育载体，不同的项目回应相应的劳动任务群。"小城"课程在形式多样的实践活动中，加强学生对劳动的体验和感悟，引导学生感受劳动的艰辛和收获的快乐，增强学生获得感、成就感、荣誉感。

天府一小每日两课包括一日四洁（清晨学习前，抹桌子、抹椅子；午餐前，洗手、穿围裙、抹桌子；餐后，收餐盒、洁桌面、刷牙齿；放学时，整理桌椅、收拾抽屉）和晨间种植（以"雅园"农场作为实验地，每个班一块地，每个班种植一种作物，师生、家长全员参与，从翻地到播种，从养护到收获，从采摘到交易）。天府一小"尔雅基金"用于慈善事业，让学生全程体验耕作的苦与乐。

天府一小每周两课包括专项劳动课——校内劳动技能习得与实践（天府一小的专项劳动课安排在每周五下午，时长 70 分钟，一个学期一个学段 4 个劳动主题课程）和自在发展一小时（每周的课后服务时间，每班以一次劳动课程的模式开展，全班学生进行项目分工，对班级教室及教室外公区卫生进行深度清洁）。

天府一小每期两课包括"天一尔雅"公益服务（学校确定每年的德育主题，各班级以"天一尔雅"公益服务为目标，与社区活动等彼此融合，以项目式活动或班级活动等形式开展公益服务）和假期劳作（学校根据不同年龄段学生的特点，以自理、自立为核心，设计了"小鬼当家自在劳动册"）。

天府一小每年两课包括"天一尔雅"公益集市（"天一尔雅"公益集市开展以班级为单位的集体公益服务性劳动）和农耕劳动实践周（天府一小以"农耕劳动实践"为主题，组织 6 年级学生到农业生产实践基地——世季田园开展为期一周的生产劳动）。

天府一小开通"周末托管课程"服务——"尔雅小城"课程。天府一小为此次课程赋予全新含义，以原有"公园小城"课程为基础，升级"2.0 版本"，"尔雅小城"课程最终落脚于公益"小运会"比赛。以"小运会"为载体，天府一小为使学生能以自己的能力办好"小运会"，落实于"周六托管服务"的"前端课程"应运而生。以课程换取积分、以门票捐助公益，"尔雅小城"前端课程中，学生以艺术类课程服务于运动会开幕式，以体育、科创类课程直指比赛项目本身，以语言类课程服务于赛事直播与宣传。一阶课程，促使学生多维成长，蓄积能力，将亲身学习与自我实践转化为可视价值，在体验中自我成长，在成长中感悟服务社会的魅力。

（三）落实教师课程和家长课程

教师课程关注教师的全面发展与专业发展，教师在入职"雅正"三课＋常态"三力"三课和"多面·读""多元·培""多彩·动"三类课程中，修得教学力、教育力、健康力，积蓄能量、升华蜕变，成长为天府一小教师的模样：堂正、勤恳、博学，成为学科高手，术业有专攻；成为生活妙手，安定而从容；成为全科能手，能上多门课；最终成为美好地塑造学生品格、品行、品位的大先生。

"雅正"课程体系下的家长课程，按课程性质分为三大类型：专题课程、活动课程、校本课程。专题课程是指学校针对家长在家庭教育中所面临的问题、困惑确定主题，开展的具有专业性、指向性、实操性的系列课程，比如，"预课"、开学第一课、"八点半课堂"、安全教育、食育。活动课程是指学校定期或不定期开展的非课堂教学式课程，秉持"课内外并举"与"无处不课堂"的理念，以家长为主体，开展座谈会、书信交流、角色互换、亲子同行等多种活动，比如，校长会客厅、校长信箱、家长开放日、家长进课堂和各类文体娱活动。教育不局限于校园，学校坚持"生活即教育"理念，定期开展校本课程，以学生、家长为主体，走出校园，深入社会，充分发挥环境育人作用，实现"真实陪伴"，比如，"三馆一厅一场"、Mini马拉松、春秋游历、入队仪式。

天府一小以项目式学习驱动教师专业发展。2023年1月3日，全体博雅教师齐聚"雅园"，迎来为期3天的"研学·进阶"之旅，在"一番"众筹、"一场"讲座、"一份"温暖之中启幕教师课程。凝聚集体智慧，打造高效课堂；纵览教材，深析文本，明确落实课标的序列与具体要求，教师"对标"优化梳理教材、整理思路，以教材与教参为抓手，将知识横向构建、纵向串联，将教学方法化繁为简，让"教"更有趣，使"学"更简单。

天府一小聚焦学科核心素养，指向学生健康成长。作为新课标精神落地最后一公里的领跑者，教师打破竖井式分科的边界整合拓展，加强对学生成长规律的研究，在对标中锚定关键点，进行典型课例的研究设计；破学科壁垒，立项目学习新方式，在传承与创新中不断提升跨学科学习设计能力。家校共育为学生成长打开一扇窗。2023年9月1日，新学期翻开崭新的第一页。一轮家与校的同行共长正于晴空与星辉交替之际在"雅园"悄然开启，班主任与语数外及综合学科全体教师走上讲台，结合学科特点分享提升学生学科素养之策略，让家长全方位了解"雅正课程3.0"，这便是天府一小"五育融合"、全科发展的面面俱到。

在"雅正"课程体系中，学生课程、教师课程和家长课程三位一体的课程体系协同育人，使人与人能够相互连接，建构共建共治、共享共长的学习共同体，在务实的教育里，在真实的成长间，积蓄学生应具备的、能够适应终身发展和社会发展需要的必备品格和关键能力。

第三节　天府一小基于教师发展的校本课程建设

百年大计，教育为本；教育大计，教师为本。2018年中共中央、国务院发布《关于全面深化新时代教师队伍建设改革的意见》，强调全面提高中小学教师质量，建设一支高素质专业化的教师队伍①。传统的教师发展注重专家学者通过学术研究来发现"为实践的知识"（knowledge-for-practice），并将这些知识传递给教师，教师在实践中将其复制运用，从而达到学习的效果②。此外，随着基础教育课程改革的深入，校本课程的开发与建设越来越受到人们的重视。教师作为开发主体，将其专业发展纳入校本课程开发全过程，也成为学校可持续健康发展的题中应有之义。

一、核心概念界定

（一）教师专业化与专业发展

专业化是指一个普通的职业群体在一定时期内，逐渐符合专业标准、成为专门职业并获得相应的专业地位的过程。教师专业化是职业专业化的一种类

---

① 中共中央　国务院关于全面深化新时代教师队伍建设改革的意见［EB/OL］．（2018-01-31）［2024-03-05］．http://www.gov.cn/zhengce/2018-01/31/content_5262659.htm?tdsourcetag=s_pcqq_aiomsg.

② 高祥，赵静．教学反思：促进教师专业发展的有效途径［C］//中国教育发展战略学会教育教学创新专业委员会．2018年全国教育教学创新与发展高端论坛——热点探讨篇．［出版者不详］，2018：4.

型，它应包括教师个体专业化和教师职业专业化两个层次。前者指教师个体专业水平不断提高的过程，一般又称教师专业发展或教师专业成长。

在宏观上，一方面，教师群体与国家及市场的权力格局决定了教师专业化的程度。另一方面，教育自身的发展以及有关对教师工作内在特性理解的深入，使得从研究层面对"教师专业性"的界定不断更新，并影响着教师专业发展的内容与方式。从最初认为教师只是教学内容的"转录机"，转变为承认教师个人在课程执行与开发中的作用，进而肯定教师的个体实践知识的价值，并在根本上确立教师个人在专业化和专业发展过程中的主体地位。可以说，教师专业发展就是对专业性的提升①。

由此，教师专业发展是教师在专业生活过程中其内在专业结构不断丰富和完善的过程②，并侧重教师能动地寻求自我提高和发展，在专业生活过程中着重激发自主专业发展意识、提高自我效能感和降低职业倦怠感，不断更新、丰富和完善其内在专业结构的过程。

（二）校本课程开发

校本课程的开发作为国际发展趋势产生于19世纪70年代。这一趋势首先出现在美国、英国、澳大利亚等国家。到了20世纪90年代末，中国也开始逐渐提倡开发校本课程。1999年，中共中央、国务院发布的《关于深化教育改革全面推进素质教育的决定》已明确要求：改革和调整课程体系、内容、结构，建立新的基础教育课程体系，试行国家课程、地方课程和学校课程。2001年，教育部发布的《基础教育课程改革纲要》提出：新课程改革目标之一是实行国家、地方、学校三级课程管理。这一政策旨在增强课程对地方、学校及学生的适应性。由此拉开了我国实施三级课程体系改革的序幕，并为我国基础教育课程改革指明了新方向。

综上所述，校本课程开发（school－based curriculum）是指学校为了达到教育目的或解决学校的教育问题，依据学校自身的性质、特点、条件以及可以利用和开发的资源，由学校教育人员与校外团体或个人合作开展的课程开发活动③。它的本质特征可从"校本"入手，指基于学校发展理念、基于学校文化、基于学校环境，其中学校环境又包括周围居民的需要和可利用的课程开发

---

① 王晓莉. 教师专业发展的内涵与历史发展［J］. 教育发展研究，2011（18）：45.
② 叶澜. 教师角色与教师发展新探［M］北京：教育科学出版社，2001：267.
③ 马骥骠、马天姿. 浅谈校本课程开发的途径［J］. 课程教育研究，2017（49）：34.

资源。只有立足三个"基于"的课程，才能真正称为校本课程。

校本课程开发根据建设与开发程度的不同，可分为"选用""改编""拓展""新编"四种类型。校本课程建设并不意味着就要"新编"，开发全新的课程，"新编"并不排斥"改编""拓展"，而是紧密联系，形成校本课程建设的有效机制，即根据校情、学情"改编"国家课程，根据新的学习需要开发补充性、拓宽性课程，根据学校特色"新编"校本课程。但国家课程是所有学校课程开发与建设的基础，校本课程开发决不能抛开国家课程，而应在做好国家课程的基础上，即满足了学生的共性需要，实现了国家课程目标之后，再围绕国家课程，根据新的学习需要，开发"拓展课程""新编课程"，满足学生多元化、个性化学习需要。学校顶层设计下的课程建设，在横向上，须从缺乏联系、松散的、平面化、碎片化、追求数量的"群课程"走向有内在紧密联系、立体化、层级化、追求质量的"课程群"，以保证课程建设的科学性、有效性，以有利于基于课程群的教学团队建设以及集体教研活动的开展，形成特色课程，打造专业学习共同体，促进教师专业发展，切实促进学生的多元化、个性化发展。在纵向上，遵循"基础—提高—创新"的能力发展序列，亦即"重基础—促发展—求创新"的课程建设目标。做实国家课程，为学生的发展打下坚实基础；在国家课程目标实现的基础上，通过拓展课程，满足学生的多元化需求，促进学生的个性化发展；通过节会课程，充分相信学生，给学生自我展示的机会和平台，培养学生的创新意识和创新能力。

校本课程开发是当前国内课程改革的重点之一，也是世界基础课程改革的发展趋势。一个成功的校本课程开发，其首要条件应是教师具备校本课程开发的能力。因此，校本课程开发的改革，正是从教师逐步成为校本课程开发的主体开始，将原本属于国家的课程开发权利部分地下放给学校和教师，从而使得课程开发不再仅仅是学科专家和官方的专属权利，让教师也拥有了部分课程开发的自主权。这种以合作方式参与校本课程的开发，不仅赋予教师以自主权来决定校本课程内容及教学模式，还对教师本身的素质提出了更高的要求。这也为教师专业发展带来更多挑战，尤为强烈地聚焦在教师专业发展的自主性上，即需要教师秉承自我发展的意识和动力进行自主学习、主动提升、深入反思。而在日常教学实践中，教师往往受困于传统行政管理体制而难以发挥其主动性，受限于自身专业知识的陈旧、研究意识的薄弱、研究方法的单一等因素，其专业发展自主性陷入种种困境。

从对师资情况分析入手，结合小学实际对影响教师专业发展的内外因素进行深入思考。第一，传统管理体制在调动教师专业发展上收效甚微。教师群体崇尚专业权威而轻视行政命令，学校层面推行的活动若缺乏专业支撑或使教师沦为"被参与者"，则效果不佳。基于文化传统，学校管理者采用传统模式进行管理面临许多困扰。第二，教师专业发展水平较低，不少教师不是不愿意做，而是缺乏自主提升的策略。以往讲座式的培训，对教师专业发展理论引领多，被教师内化为教育理念、作用于教学实践的甚少。而教师自身又缺乏从实践中提炼经验、升华为教育理念的专业能力。此外，不同发展阶段的教师个体专业发展往往是孤立的，容易游离于学校整体发展工作之外，需要建设以学校发展为共同目的的教师群体。

二、基于教师专业发展的校本课程建设

党的十九大提出着力解决教育发展不平衡不充分问题，切实提高教育资源配置效率和使用效益，促进公平而有质量的教育发展。教师作为学校的第一资源，教师的水平就是学校的办学水平，教师的素养就是未来公民的素养。

天府一小重视教师课程的开发与培训，这也是形成天府一小特色课程的动力来源。天府一小的教师课程可分为"教师开发的课程"和"针对教师的课程"。一方面，教师开发的课程是学校校本课程的重要来源；另一方面，针对教师的课程内容包括入职"四训""教师三课"和《教师六年发展纲要》。天府一小构建教师课程，为教师开设了"多面·读""多元·培""多彩·动"三类课程，力图让教师成为可亲、可爱、可敬的天府一小雅士。2019年4月中旬，天府一小启动了教师"微课"计划，每周十分钟，由教师分享自己专业领域的知识与技能，聚焦课堂实际，汇集群体智慧，在推动教师专业发展的同时，提升教育教学质量。系列课程为教师的终身学习提供不竭动力，通过课程开发加强师资队伍建设，培养新时代"四有"好老师，也为学生的幸福成长提供专业且温暖的陪伴。

天府一小遵循学校精神文化建设的发展规律，以师生为主体，以国际化、现代化、高品质的创新体制公办小学为定位，以关注全体人全面发展的"雅正"课程为重点，以丰富多彩、寓教于乐的校园文化活动为载体，营造文化氛围浓厚、人文气息浓郁的幸福校园。天府一小将以文养校、以文强校的思想落到实处，让全校师生对学校办学思想内化于心，外化于行。

三、教师专业发展需求下校本课程群的开发路径

教师课程主要指的是为学校教师专业发展开设的培训课程①。天府一小不仅激发教师开发课程的热情，而且以教师发展为本组织安排"雅正"教师课程。在培训课程内容组织上注重连续性，目的在于培养教师形成精细的学习品质态度和敏锐的感悟能力，加深对课程与教学内容的理解。内容为"多面·读""多元·培""多彩·动"三类课程。培训课程只是促进教师发展成长的载体，本质是服务教师的个性发展、专业发展和全面发展。

学校课程规划既要结合现有的课程基础，也要思考办学理念、育人目标的要求，将已经开设并有很好基础的课程融入办学思路的体系中。"运用更系统且能永续的转化型方式尤其重要，那是能将学习经验和课程目标运动改变的方式。"② 通过梳理教师与课程的关系以及教师课程角色演变的轨迹，可以发现新时代的课程变革对教师的新的课程实践模式的期待。"参与"是教师课程实践的核心，尽管在不同的变革策略中教师参与有不同的体现，但参与性的课程实践使教师得以在课程变革过程中跟新课程一起成长，从而成为革新的课程实践者。在课程变革的背景下如何转变教师的课程实践模式，也将成为未来课程研究的一个重要的话题。

---

① 吕立杰，李刚. 核心素养在学校课程转化的层级分析［J］. 课程·教材·教法，2016（11）：53.

② 吕立杰，李刚. 核心素养在学校课程转化的层级分析［J］. 课程·教材·教法，2016（11）：53.

第五章 "新"小学的社会支持

　　社会支持有利于学校不断改进教育教学工作，提高教育教学质量[①]。学校的发展是复杂的系统工程，不能单靠学校本身和教育行政部门来闭门造车，还需要全社会对其关注和支持，需要社会各界相关部门共同扶持，营造良好的教育氛围，提供坚强的支持保障。"新"小学要整合各方资源组建教育联盟，发挥政府引导作用、学校主导作用、家庭基础作用和社会支持作用，形成"理实相融、知行合一、多元合力、协同互构"的育人格局，更加"融合育人""协调育人"。

第一节 "新"小学的高校支持

　　我国基础教育已进入全面提高质量的新阶段，办学活力不足是制约质量提升的关键因素。进入新时代以来，各中小学在追求内部改革创新的同时，纷纷把目光投向高校、社会，以求调动其优质资源，提高自身教育质量和办学水平。此背景下，如何科学、合理、充分地利用高校资源，是中小学实践和研究的热点。

一、"新"小学的高校支持概述

　　最初国内小学利用高校资源是在 21 世纪初期，在结合我国国情及借鉴国外丰富的经验基础上，首都师范大学创建了我国首批"教师发展学校"，小学利用大学教师资源培训教师，促进教师专业发展，推动一线教师走向专业化、实践化，突破自身专业发展瓶颈。相对于小学而言，高校作为科学研究、学科发展最具活力和处于最高水平阶段的机构，在理论发展、文化积累、校园管

---

　　① 刘振天. 西方国家教育管理体制中的社会参与 [J]. 比较教育研究，1996（3）：14.

理、知识教学、竞赛创新、特色发展、配套设施和条件等诸多方面都有很大的先行优势。《国家中长期教育改革和发展规划纲要（2010—2020年）》提到增强高等教育社会服务能力。高校要牢固树立主动为社会服务的意识，全方位开展服务。高校对中小学的帮扶属于一种社会责任，充分利用高校资源为社会服务，是高等教育改革的重要举措。而小学在发展的过程中，不仅可以向"内求"，更可以向"外求"，充分利用高校资源，以增强协同育人的功效。

经过长时间的实践与检验，小学利用高校资源践行教育领域综合改革既是一种有益的尝试，又积极响应了我国目前所制定的教育基本政策，符合基本规律，更是教育高质量发展的重要举措。进入新时代以来，国家不断加大教育投入，陆续发布相关文件深化基础教育改革，发展素质教育，提升基础教育质量，建设高质量教育体系。在新时代背景下，小学的日常教学、发展理念、育人模式不断更新，需要的高校资源也应从单一的教师培训走向多样化、常态化、可持续化的新模式。例如，应对新时代对基础教育的需求，高校可以借助自己独特的优势激发小学办学活力，建设小学教育特色课程，提高师资培养质量，帮助小学丰富学校课后服务内容，推动小学体育、美育工作的开展，协助小学开展社团活动，科研引领小学理论和实践发展等。

二、天府一小的高校支持

（一）借高校之智，丰富学校顶层设计

天府一小是一所年轻的小学，创办于2017年9月，是一所起点高、落点实、重传承、求创新的小学。学校引进高校专家团队进行顶层设计时，根据"名校长办名校，而不是挂名校的牌去办校"的理念，最终将学校名字定为"四川天府新区第一小学"，其目的是"不仅仅办好学校，而且研究出办好学校的规律"。高校的工作开展方式，往往是从务虚开始，逐步过渡到虚实结合，最终解决实际问题，是"从虚到虚实结合再到实"的思路。因此，利用高校深厚的理论优势和专家团队对学校顶层设计和制度建设方面独特的见解，小学领导和高校专家团队经过反复研讨和论证，确定了"天府小学校，蜀中大雅堂"的办学愿景，以"为中华育雅正之才，为终身成长奠幸福之基"为目标，提出"雅正文化"的理念，生发了"堂堂正正做人，勤勤恳恳做事"的校训，"守正、尚勤、崇礼、求活"的校风，"和而不同"的教风，"活而有常、活而有术、活而有道"的学风。"天府小学校"指当下正在实践的学校主体，"蜀中大

雅堂"指未来孜孜以求的至纯境界。天府一小依托天府新区资源平台，创新课程设置实施，实现国家育人目标，创新了特色文化体系。

（二）借高校教师之力，推动课程体系迭代

1. 推动教师课程迭代

天府一小借力高校教师资源，拓宽了教师课程内容，打造了特有的"多元·培"课程。教师入职时，学习学校文化、课程知识、班级管理、知识实践拓展等内容完成入职"四训"，后通过校内培训、学科专家培训、外派专题培训等方式实现职后成长。天府一小非常重视教师的专业发展，但在教师专业发展中，学校相应的教师培训专家较少，这成了教师专业发展的一大难题。而大学教师具备此条件，他们是某领域的专家，有丰富的教育理论基础，如进入中小学校，不仅能够带给中小学教师一些新思想、新知识、新技能、新的发展思路、研究问题的策略和方法，还能够把探究、反思的精神带给中小学教师，带动中小学教师对自己的实践进行重新审视。基于此，天府一小引进高校学科专家，同时外派教师到高校或中小学进行专题学习，设立了教师的职后三级培训。例如，在2021年暑假教师培训时，天府一小邀请了成都大学陈大伟教授，给教师带来了观课议课学习和运用的分享会，教师在专家的引领下，学习交流热烈，碰撞出思维的火花。"双减"政策发布后，天府一小邀请了成都师范学院高级讲师杨东和学校教师一起开展了"以作业革命为突破口，把课堂还给学生"的主题会，教师们收获颇多，纷纷把目标聚焦在学生的综合素养培育上，跳出了传统的作业布置模式。天府一小教师课程得益于高校教师的参与不断迭代发展，丰富了"多元·培"课程，为教师专业成长积蓄能量、保驾护航。

2. 独创家长"八点半课堂"

天府一小家长课程不断搭建与家长高效沟通的桥梁，研讨"立体化"的家校共育新模式。"立体化"意为打造全空间育人形态，教育不仅是学校的功课，更存在于家庭中，推动家校共育也是学校工作的重中之重。家长通过"校长会客厅""名师工作室""八点半课堂"的学习课程，提升育儿素养、学习育儿方法、破解育儿难题。家长通过伴学活动、亲子运动会等课程，躬身入局，经历孩子的学习生活，从而在知行与行知的对接中，亲历孩子的成长，成为孩子成长路上的优质陪伴者，实现幸福共长。家长"八点半课堂"为天府一小独创，由兼职心理学教师主导，辅以高校家庭教育专家，每月一期，每期一个主题，

其主题来源于家长平时遇到的具有共性的家庭教育问题和困惑。学校专、兼职心理学教师为家长端正教育观念和指导家庭教育方法，高校家庭教育专家带来教育政策的解读，进行分类分层指导，满足不同年级家长的不同需求。这使得学校家庭教育指导更加专业化，家庭教育指导活动更加常态化、规范化。教师同家长一起寻求解决问题的途径，破解育儿难题，让家校共育更有质量、更有温度、更具生命的内涵。

（三）借高校学生之才，促进课题研究合作

大学教师带课题进校，以合作者的身份与中小学教师一起工作，观察教育理论在实践中的运用情况，采集相关案例和数据进行分析，并对学校的课程教学提出建议，身边这样的案例常常会有。天府一小认识到按照这样的模式，高校教师与中小学教师可能无法摆脱"指导者"与"被指导者"的身份，存在着一种不对称的合作关系。因此，在促进学校课题研究时，建立起了高校研究生与学校教师一对一的合作模式。一对一的合作模式是指高校研究生以平等的合作者的身份与中小学教师同选一个课题，制订相同的计划并实施研究项目。高校研究生有科研的思维能力，但缺乏实践运用，中小学教师正好可以与之互补。两者对于合作持积极的态度，对话平等、交流充分，并建立起友好的关系。比如，在课题研究的过程中，研究者张老师深刻认识到理论对于实践的重要性，并增加了职业认同感；吴老师也了解了科学研究的过程和方法，在日常教学行为和生活中提高了反思意识和研究意识，转变了对待科研的态度。

小学引进高校资源促进小学发展已成为主要方向，其推动小学寻求先进、科学的理论，各方联动多场域、多角度开展育人实践，不仅积极响应了我国目前所制定的教育基本政策，符合基本规律，更是打造小学教育高质量发展的重要举措。目前天府一小引进高校资源已取得一定成效，未来也会持续跟高校进行广泛合作，在合作模式、机制、评价上有所创新，将其成果作用于学校、作用于教师、作用于家长、作用于学生，形成循环闭环结构，为构建"幸福共长的中心体"而不断努力。

第二节　“新”小学的校际支持

一、“新”小学的校际支持概述

在新时代背景下，以互联网、人工智能为代表的现代信息技术正冲击着传统的教育方式。新时代背景下的小学校际资源已不局限于传统的显性资源和隐性资源，还包括依托现代信息技术、互联网等开发的信息资源、数据资源等丰富的线上特色资源，例如，特色家庭教育课程、校本课程、开发的软件和小程序等。基于此，校际资源利用的途径和方式也从"一元化"转变为"多元化"，形成校际资源共享与交流网络。我国人民对教育的需求从"有学上"向"上好学"转变，然而我国还存在优质教育资源分布不均、城乡教育差距较大等问题，校际资源的利用和共享是学校实现办学目标和提高教育质量的基础，是实现优质教育资源均衡的重要措施。

（一）校际资源利用为提升学生学习质量提供保障

2019 年 7 月，《中共中央　国务院关于深化教育教学改革　全面提高义务教育质量的意见》明确指出，坚持"五育"并举，全面发展素质教育，突出德育实效、提升智育水平、强化体育锻炼、增强美育熏陶、加强劳动教育[①]。小学学校场地有限，校际资源利用实现资源的共享和互换，对培养德智体美劳全面发展的学生起着"强力剂"的作用。

（二）校际资源利用为提升教师教学质量提供平台

教师是学校教育教学的主要责任者，一支优秀的教师队伍是学校提升办学层次、吸引人才的关键。2018 年 1 月，《中共中央　国务院关于全面深化新时代教师队伍建设改革的意见》强调，全面提高中小学教师质量，建设一支高素质专业化的教师队伍。提高教师培养层次，提升教师培养质量。推进教师培养供给侧结构性改革。学校是教师专业素养提升的主要场所，一所真正重视教师

---

① 中共中央　国务院关于深化教育教学改革　全面提高义务教育质量的意见［EB/OL］.（2019－07－08）［2024－10－05］. http://www.gov.cn/zhengce/2019－07/08/content＿5407361.htm.

发展的学校,即一所学习型的学校。优秀的教师既是优质资源"本体",又是"载体",校际的教师交流、培训给教师专业发展提供平台,学校从显性资源和隐性资源两方面的互相支持与利用来助力教师发展。

(三)校际资源利用为提升学校管理质量提供工具

学校管理制度体系是一项系统工程,不仅包含人、财、物三大资源,还涉及行政管理、教育教学、后勤保障等领域的内容。

信息资源是在社会和教育现代化发展的过程中逐步形成的独特的学校资源,通过学校信息化管理创新,提升学校管理数据的完整性、连贯性。在新时代互联网背景下,学校不仅可以通过信息平台了解其他学校的动态、举措、活动,还能了解学生、家长和社会的建议和想法,提升学校管理的民主化水平;同时,通过数据分析学校管理中存在的问题,能够实现数据信息的高效流通,在各年级各部门建立联系,实现学校精细化管理。学校拥有教学人才、设施设备、图书馆、现代信息技术等学习资源以及财政资源,但这些资源的有效使用需要职业化管理人才,校际优质管理人才对学校管理人员的培训,能够给管理人员提供丰富的管理经验,提高学校的管理效率。在学校管理的实践中,学校文化对教育教学和培养人所产生的作用越来越大,春风化雨般地内化于学校教育者与被教育者的心中。学校文化可分为精神文化、行为文化和制度文化,一所学校的学校特色一旦形成,其办学理念、办学行为、价值追求等就化作一种个性化的校园文化,统一师生的认同感,增强学校发展的向心力,促进师生和学校管理者形成学校共同体。

二、天府一小的校际支持

(一)校际文化资源的融合与显性资源的共享促进学生全面发展

习近平总书记在 2018 年 9 月全国教育大会上的讲话中明确提出:"要努力构建德智体美劳全面培养的教育体系,形成更高水平的人才培养体系。"[1] 不同的学校在办学理念、校风校训等学校文化中贯彻落实这一教育理念,并围绕

---

[1] 郝孟佳,熊旭. 习近平在全国教育大会上强调 坚持中国特色社会主义教育发展道路 培养德智体美劳全面发展的社会主义建设者和接班人[EB/OL]. (2018-09-11) [2024-10-05]. http://edu. people. com. cn/n1/2018/0911/c1053-30286253. html.

其营造良好的校园氛围、学习环境以及创建特色课程体系。成都市的集团化办学已有多年的历史和积淀，目前已形成了具有成都经验的集团化办学模式。校际文化资源的融合促进牵头学校带动成员学校的发展。

学校形成的"品牌"是学校办学理念的日常表达，通过品牌背后的理念、文化、精神的柔性黏合作用，牵头学校可以更有效地带领成员学校更新办学理念、调整办学策略、优化办学实践、提升办学品质。新时代"五育融合"的背景下，小学在优化德育课程育人效果时，不仅要依托规范、系统的德育课程进行教学，更重要的是在生活和环境中形成良好的氛围，充分开发学校特色德育资源，发挥学校的校园文化、活动的价值。一方面，学校进行校际文化融合、建设和宣传工作。具体来说，学校将优秀学校的优秀文化借助校园报刊、广播、横幅、班级黑板报等渠道进行宣传，帮助学生树立正确的价值观。学校将其"雅正文化"渗透在管理、课程、教学等各方面，学生、教师、家长的幸福润养于"雅正文化"之下，形成融合、创新、人文、学术的"雅正"教育思想。另一方面，优秀学校与其他学校共享优质的显性资源。新时代的劳动教育不能只是流于形式或进行简单的体力劳动，要在劳育过程中培养学生的核心素养。天府一小以《中共中央　国务院关于全面加强新时代大中小学劳动教育的意见》为指引，致力于追求以劳树德，以劳增智，以劳强体，以劳育美，以劳创新，明确了学校劳动教育实施的思路与主张：课程统领，常态规范，手脑并用，亲历劳动，以磨炼意志，培养在真实世界中能够得心应手生活的小小劳动者。

（二）校际教师资源交流与学习促进教师专业发展

作为优质教育资源的"本体"，教师本身就是一种资源。学校办学的精髓在教师，一支优秀的教师队伍是学校提升办学层次、提高教育质量的关键。小学生具有向师性，学校要充分利用校际教师资源，将教师从资源的"本体"走向"载体"，创生出更多的优质资源。

学校为教师创造参赛、培训、交流学习的机会，例如，公开课、读书会、课堂观摩、校本研修等，校际优秀骨干教师通过"结对子""帮帮扶"等方式激励其他教师不断学习。科学规划是教师专业化的起点，为增加教师专业发展的系统性和科学性，学校可以与教师一起拟订校际教师资源交流与学习相关的规划和制度，明确教师队伍建设的发展目标、工作思路和保障机制等，在教育教学、教研科研等方面提出切实的实施方案，促进教师专业发展。同时，教师在交流中会带来本校的教育理念、教学特点等，应建立教师学习共同体，在学习共同体中，教师拥有共同愿景，充分发挥教师的个性与多元性。教而不研则浅，研而不教则空。首先，在课堂教学方面，学校间注重集体备课，深刻体现集体智慧。备课是教师学习的一个重要过程，集体备课能够促使教师在学科知识和技能方面实现互补互进，实现跨学科的交流与利用，体现出现代教育理念中的合作意识。其次，在教育科研方面，不同学校根据学校教师专业发展情况确定集体发展目标，再分解到教师的个性化教学上，培养教师团队教研意识，反思教育教学，对教学情况进行共同探究。

（三）校际管理资源的借鉴与创新促进学校管理发展

随着教育现代化的发展，学校显性资源开发逐渐从硬件设施转向信息资源、互联网资源等现代资源。2021 年 3 月，《教育部关于加强新时代教育信息化工作的通知》明确指出："以信息化支撑教育治理体系和治理能力现代化。"教育信息化平台的搭建，给学校管理提供了新的机遇，也为学校借鉴其他学校的管理模式、管理智慧提供了桥梁。学校必须改变传统的管理模式，进行管理机制的改革创新，通过校园网络平台，实现学校管理从纵向管理向横向管理转变，吸收不同主体对学校管理的建议和要求，提高管理效率。

学校管理的方式经历了从经验管理到科学管理再到文化管理的转变，是一个相互兼容和不断提升的过程。文化管理更为注重价值观念的引领，是能够激发被管理者主动性和积极性的一种管理方式。从现代学校管理模式发展趋势来看，对学校文化的遵循与创生是未来学校管理的必然选择。学校管理以人为服务对象，以人的全面可持续发展为价值归属。因此，学校应该充分利用特色化的显性和隐性资源，例如，挖掘学校的地理位置优势、历史、校园环境等，形成独特的学校文化，建立起基于文化创生和特色建设的学校管理模式，将学校文化内在统一到人的价值实现和发展中去，发挥文化的引领作用和制度的服务功能，凝聚师生和管理者的教育共识，使每个人产生归属感和荣誉感；通过文化对管理者、教师、学生、教职工的行为形成无形的约束力，潜移默化地形成一种群体规范和行为准则，实现学校管理机制的外部约束与文化引领的自我约束相统一。

"建设高质量教育体系"作为构建新发展格局的基础环节，关注到了教育系统内部优先实现"高质量发展"进而才能促进社会各子系统"高质量发展"的基础作用。学校显性资源重视经济与教育的关系，隐性资源突出文化对教育的作用，无论是显性学校资源还是隐性学校资源，都对学校发展乃至教育发展有着不可忽视的关键影响。校际交流是实现优质教育资源均衡、优化学校资源配置、提高教育资源质量的重要举措。因此，学校要以"让教育发展成果惠及每一个孩子"为理念，发挥学校资源这一"利剑"，积极推动校际资源共享与利用，实现教育高质量发展。

第三节　"新"小学的社区支持

一、"新"小学的社区支持概述

我国著名教育家陶行知先生曾说，不运用社会的力量，便是无能的教育。对教育资源的高效利用能使教育事业事半功倍，低效地利用则费时耗力、成效甚微。习近平总书记在党的十九大报告中指出，我国进入了中国特色社会主义新时代[①]。在这个时代学习型社会、全民学习以及服务学习等教育思潮不断发展，学校不再局限于自身内部的教育建设，把眼光扩展到了对外部各种教育资源的调动上。社区资源成为一种不可或缺的教育资源，与学校资源形成优势互补，合理利用社区资源促进小学教育发展是推进基础教育发展的重要一环。2019年，中共中央、国务院印发《中国教育现代化2035》，提出要"构建服务全民的终身学习体系"，而要完成这一战略任务需要着重"扩大社区教育资源供给"[②]。2022年2月，教育部基础教育司印发的《教育部基础教育司2022年工作要点》指出，要统筹利用社会资源支持学校教育教学工作，深化协同育人机制的改革[③]。由此观之，新时代是教育社会化进一步发展的时代，开发利用社区资源成为新的教育命题，各学校要有利用社区资源办学的主动性。在此背景下，小学如何用活社区资源是需要进一步研究的问题。

本书中的"小学社区资源利用"是立足于新时代背景的，指各小学以促进学校整体发展为根本目标，以立德树人、"五育并举"为宗旨，利用社区人力资源、物质资源、文化资源开展的一系列教育活动，既包括小学对社区资源的内隐性利用，如整合社区文化资源进行校内课堂教学；又包括小学对社区资源

①　习近平. 决胜全面建成小康社会　夺取新时代中国特色社会主义伟大胜利 [N]. 人民日报，2017-10-28 (001).

②　中共中央　国务院. 中国教育现代化2035 [N]. 人民日报，2019-02-24 (001).

③　教育部基础教育司. 教育部基础教育司2022年工作要点 [EB/OL]. (2022-02-29) [2024-02-25]. http://www.moe.gov.cn/s78/A06/tongzhi/202202/t20220209_598277.html.

的外显性利用，如利用社区物质资源开展校外实践活动。相比于以前的小学社区资源利用，新时代的小学社区资源利用是全面激发学校办学活力，推动教育共同体形成的重要抓手，要求学校主体充分发挥主动性和创新性，更要求多主体参与到开发利用的全过程。

二、天府一小的社区支持

（一）立足多维目标，整体协调推进

教育是有目的的社会活动，开发利用社区资源同样也是一项有目的的活动。学校要想开发利用社区资源，就必须先明确这件事期望达成什么目标；清晰的目标定位是提高社区资源利用效率的保证，也是评价社区资源利用效率的依据。

天府一小以"基金"组织为触发点，赋能全新发展内涵和社会职能，创新探索家、校、社协同育人新路径。首先，以已有组织"尔雅基金"为载体，提升其职能定位，完善其管理机制和配套制度，梳理岗位职能，明晰三方职责定位。其次，通过"基金"的社会功能，吸纳社会资金、盘活社会资源，为推进实践教育提供切实保障。最后，由机制牵引课程，形成"学校教育""家庭教育""社会教育"三方联建、共搭舞台，各有侧重而又融合互助的发展态势，三力合一服务"立德树人"的根本任务，将多维目标统筹推进，为社区资源的高效利用奠定了基础，最终探索共建家、校、社协同育人发展新格局。

（二）重视多方评价，检验活动效果

评价是活动实施流程中不能回避的一个便捷高效的环节，有助于深化活动主体对活动内涵的理解，也包含对活动目标达成经验和方法的总结。要判断小学的社区资源利用效果，就需要对活动进行评价，评价是活动开展的重要环节。天府一小为保证评价的科学性、客观性，构建起多元的评价体系。以该校利用社区资源开发出的"毕业生劳动实践周课程"为例，学校组织学生走进大自然开启五天左右的集体生活，意在对学生进行生产教育和德智体美劳的综合教育。为检验活动是否达成目标，学校整合来自学生本人、学生家长和带队教师三方的评价，而不是片面地听取一家之言。从三个角度来审视活动，既可以更全面、真实、客观地判断活动效果是否达到预期，也可以从中发现问题以便下一次做出改进。

（三）坚持"请进来"与"走出去"相结合

社区资源类型丰富，根据社区资源类型的特质和学校教育的便捷性，不同类型的社区资源有不同的利用方式。对多样的社区资源，天府一小坚持"请进来"和"走出去"相结合，对于社区物质资源，比如兴隆湖、烈士陵园等，学校主要采取"走出去"的方式，组织学生走出校园，走进社会躬身实践；对于社区人力资源，比如专家学者、消防员等，学校主要采取"请进来"的方式，用分享会、沙龙或专题讲座的形式组织师生参与其中。在"进进出出"中拓宽社区资源的利用面，让学校和社区日益成为一个联动的整体。

（四）责任意识明确，致力三方协同

学校、社区和家庭都具有教育功能，但三者在教育中有不同的职责，学校需要厘清自身的责任是什么，如何才能使三方权责明晰、齐头并进。天府一小将学校视为沟通社区和家庭的桥梁，作为开放的中心体，积极发挥自身作用，促进协同育人局面的形成。例如，天府一小开展"警校共育·共筑平安——两防一化《懂心父母大讲堂》"的专题讲座活动，将家长、社区人员共聚学校，一起探讨如何从心理源头预防少年儿童的过激行为，以学校为桥梁，为家长和社区提供了沟通交流的机会，实现师生、家长、社区及与学校缘聚的人幸福共长。归根结底，学校开发利用社区资源是家、校、社协同中的一个重要方面，学校要明确自身责任，促进多方互通。

第四节 "新"小学的媒体支持

一、"新"小学的媒体支持概述

在新时代背景下，我国必须把教育放在优先战略地位，加快教育现代化。2019年中共中央、国务院印发的《中国教育现代化2035》深入分析了中国特色社会主义进入新时代的大背景，指明中国教育需要加快现代化的进程，明确将"加快信息化时代教育改革"作为推进教育现代化的十大战略任务之一。

随着教育现代化的推进和社会经济的发展，媒体的影响力正日益扩大。在中华人民共和国教育部网站进行查询，多个关于小学的公开文件中都强调充分

利用各种媒体，借助媒体的力量。媒体资源在方方面面渗透人们的工作和生活。当前，学校借助媒体资源已是常态，对于学校寻求自身发展而言，这既是机遇也是挑战。

根据《辞海》定义，指"传播信息的工具，如报刊、广播、电视、网络等"[①]。只要有信息的传递，就需要媒体资源。媒体资源的范畴很广泛，从报纸、电视、广播到网络等资源，都属于媒体资源的范畴。国家统计局 2025 年发布的数据显示，新时代背景下，互联网上网人数达 11.08 亿人，互联网普及率为 78.6%[②]，网络媒体是我国较为普及的媒体资源。

二、天府一小的媒体支持

（一）借助报纸传递信息

报纸是以客观事实报道和评论为主要内容，利用印刷文字，以比较短的间隔定期发行的媒体资源。报纸出版时间快速，紧跟时事。很多报纸发行量大，学校借助报纸传递信息能够在时间上和空间上有很好的传播效果。新时代下，报纸不仅有线下纸质版，还有线上电子版，受众范围更广，推广力度更大。且各地区的报纸大多有较强的权威性，所刊登的内容与人民群众关系密切，其信息能得到人民群众的信赖。

天府一小被各大媒体多次报道。借助报纸资源，天府一小向人们展示了学校的风貌。天府一小自 2017 年办校以来，就被《四川教育》报道了数次，报道内容包括办校之初的理念、校长介绍、教师成长、入学活动等。此外，为了让学校的影响力从四川省扩大到全国，天府一小也在不断努力，发挥自己的特色。《中国教育报》是教育部主管的全国性日报，在"双减"政策背景下，面对新的挑战，全国都在关注学校会给出一份怎么样的答卷。个性化订单式课后服务，不仅要解家长之困，还要护教师之乐。对于"财政支持以外的课后服务费怎么收更合理"这一难题，天府一小在报道中展示独特的解决方法，让学校主导，家长参与课后服务相关费用的讨论，保障课后服务的更好推进。作为新学校的天府一小，极大地利用了报纸资源，还在《今日头条》《红星新闻》《成

---

① 夏征农，陈至立. 辞海 [M]. 6 版. 上海：上海辞书出版社，2009：2667.

② 国家统计局. 中华人民共和国 2024 年国民经济和社会发展统计公报 [N]. 人民日报，2025－03－01 (005).

都商报》等多家媒体展示学校的魅力。

（二）借助电视传递信息

电视是传播有声音、有色彩、图文并茂的动态影像的媒体资源，颇具影响力。电视的传播形象生动，有很强的感染力，适合多种人群。小学利用电视进行传播，能让受众直观地看到学校所展示的校园环境、硬件设备、学生活动等；借助对学生、教师、家长等的采访，能让受众感受学校活动的效果和学校办学的理念。

全国首创的四川天府新区体育教师共享中心，与退役运动员和运动俱乐部合作，引进优秀体育教师，央视《焦点访谈》和《天下财经》栏目对此进行了专题报道，让受众对相关新政策和试点学校有了进一步的了解。此外，天府一小联合成都电视台，录制四川省森林防火教育的开学第一课，并在《四川新闻联播》中播出，让受众清楚天府一小"趣"启新学期，对安全问题相当重视。同时，天府一小的校长也在电视台节目《起立敬礼》中分享作为教育工作者的心路历程，传达学校的理念。在成都第 31 届世界大学生夏季运动会上，作为成都市唯一一所登上大运会开幕式舞台进行暖场表演的小学，天府一小用一曲精彩的《大运好运》原创舞蹈向世界展现了天府新区少年的蓬勃朝气。

（三）借助网络传递信息

网络媒体是借助互联网这一信息平台，以文字、声音、图片、动画等形式来传播信息的数字化多媒体。随着互联网的普及，网络媒体也成为学校传播信息的主要媒体。网络媒体将各种媒介的优点进行综合，不仅能像报纸一样保存信息，而且能像电视一样，具备信息传播的速度性和动态性。现在，许多学校都建立了自己的学校网站，并借助微信平台，开设微信公众号，用于展示学校简介、办学活动、本周食谱、教师风采、特色课程等。网络媒体还具备报纸、电视媒体所不具备的互动性，受众可以在网络或微信公众号上留言，学校能对此及时反馈。网站和微信公众号的管理人员是学校的教师，因此，能更快传达更具体的信息。

网络媒体还强调信息之间的联系性，比如网站和微信公众号的推广中，可通过设置超链接的方式，提供另一个信息的入口，实现资源的共享。受众的主动性增强也是网络媒体的一大特色，报纸和电视都是单方面的输出，在固定的时间，它们展示什么内容，受众就接受什么内容，而网络媒体容纳的信息较广，受众可以自行搜索感兴趣的内容，自由性和主动性更大。例如，天府一小在"学习强国"平台上描述了以"幸福共长中心体"为目标，不断构建并完善家、校、社协同育人工作体系。天府一小在全区率先创设沉浸式家长发展学校，其开学第一课"环兴隆湖马拉松"获"学习强国"平台专题报道。

第五节 "新"小学的家长支持

一、"新"小学的家长支持概述

家庭是学生成长和发展的重要场所，家长更是一种丰富的资源，家长资源也是重要的校外教育资源。小学生在身心尚未完全发育成熟的情况下，更是需要学校、家长等多方面的协同合作，共同促进小学生的全面发展。随着现代教育不断发展，在"家、校、社协同育人"教育与管理理念深入人心的背景下，发挥家、校、社协同育人的教育功能具有十分积极的意义。

近十年来，党和国家高度重视家庭教育，出台多项政策文件，逐步推动把家庭教育纳入政府教育职能、家庭教育指导服务纳入基本公共服务。2021年，国家相继发布《关于进一步减轻义务教育阶段学生作业负担和校外培训负担的意见》（以下简称"双减"）和《中华人民共和国家庭教育促进法》。"双减"政策有诸多的规定：小学生在校学习时间不得过长，一、二年级不得布置书面家庭作业等，既要给孩子减负，又要抓教育质量，因此，家长的家庭辅导显得更加重要。《中华人民共和国家庭教育促进法》呼应"双减"的相关要求，畅通学校与家庭沟通渠道，推进学校教育和家庭教育相互配合。在此背景下的家校合作就显得尤为重要，而对于小学来讲，家校合作的一个重要方面就体现在学校对家长资源的有效利用上。

家长资源是指蕴藏于家长的活动领域，体现家长素质的精神文化特征，由家长主体作用所形成的具有教育功能的一切经济、文化、环境等因素的总和。家长资源是一种丰富的教育资源。具有不同职业背景、生活阅历和兴趣爱好的家长与学校合作，与学校教育协调一致，将使家校教育相得益彰，促进学生的全面发展。

二、天府一小的家长支持

(一) 学校管理者要发挥作用

现实中，校方的管理者在使家长成为学校教育的参与者方面起着关键作用。家校合作氛围的营造，很大程度上依赖于学校管理部门。家长拥有监督学校和参与学校活动的职能，理想的学校管理模式应该是开放的、合作的，校领导和家长应该是可以共同合作解决问题的。这种方法不但不会削弱领导者的权威，反而会促使其做出更好的决议。没有学校组织的领导，很难达成家庭与学校的长期协作。决策的真正形成，需要学校领导支持下的家校之间的共同努力、共同协作。学校应该将家长资源有效利用起来，如果将家长的参与定位于家校共同的目标，那么家长、教师和学校领导者团结起来共同工作就能更好地实现家校合作。

(二) 加强制度建设，保障家长资源可持续利用

家长资源一个典型的特点是具有丰富性，每个家长所从事的职业、兴趣爱好、教育理念不同，家庭的文化环境、价值观也不一样。从方式上看，开发利用家长资源的途径不一样，学校可开发利用的家长资源是丰富多彩的。然而在实践中发现教师对家长资源开发利用存在随意性、不充分性。因此，学校有必要加强制度建设，为学校科学合理地优化家长资源奠定基础。

学校可以成立家长工作领导小组，负责家校合作相关事宜，在学校举办的家校合作相关活动中，可以让参与程度高、热情积极的家长起带头作用，以点带面，带动其他家长的参与，并给予一定的鼓励，激发家长参与的积极性。学校可以根据每学年教师与家长的家校合作情况，评选家校合作默契的教师和家长，并向他们颁奖；同时，学校在微信公众号、官网上进行大力宣传，呼吁全体家长一起参与到学校的家校合作活动中来，并且将教师与家长的家校合作情况纳入考核制度，使家校合作向常态化方向发展。

天府一小创新协同机制，以"基金"为触发点，在基金原有职能基础上赋能家、校、社协同育人之内涵，让"学校基金组织"成为以学校主导的家、校、社协同育人的中枢组织，统整"校社联动"与"家校协作"。基于此，学校从组织结构协同的角度完善服务体系顶层设计，包括构建管理机制、项目运转机制、保障机制等，在基金原有职能的基础上重构"一核一会、两通双线、

三圈三阶"的"双一二三"协同育人机制，根据岗位设置明晰家、校、社职责定位。

（三）促进教师观念更新，培养家校合作伙伴关系意识

教师如果没有认识到家长资源对家校合作的重要性，那么家校合作就不会收到实际的效果。如果教师对家长资源的认识不充分，无法认识到家长资源的内在价值，就很难将家长资源与教育教学活动相结合，也就谈不上有效开发利用家长资源了。因此，教师要提高对家长资源的认识程度，更新家校关系的观念。

首先，教师在与家长沟通交流的过程中不能以专业者自居，将家长看作"圈外人"，而是应该看到家长的优势，并将家长的优势与自身专业优势相结合，从而更好地利用家长资源促进学生成长。其次，教师要尝试利用多种途径，比如，接送时交流、微信沟通、组织形式多样的家长会等，就学生在学校的表现与家长展开交流讨论。一方面增加对学生的了解，可以更好地做到因材施教；另一方面可以为家长提供学生在校的情况和相关建议，实现家校共育。最后，教师还可以主动请教有某一领域专长的家长，这样不仅能扩充自身的知识面，还能拉近自己与家长的距离，从而更好地利用家长资源，促进家校合作。

家校双方发挥自身的优势，建立常态、初步的家校互动机制，建立互相合作、互相尊重的共建关系。作为学校，将家长引入教学管理中，发挥家长在家校共育中的作用，促进学生的进一步发展；作为家长，对自己进行准确定位，成为孩子接受教育的支持者与促进者，积极配合学校的管理。学校与家长建立起沟通的桥梁，形成教育合力，围绕学生建立一种合作性的教育关系，打造价值认同、和谐互动、资源分享的教育共同体，共同承担促进孩子发展的责任。

天府一小从课程为先、机制推进、制度保障、评价反检四个方面稳步推进家校共育，形成全程跟进、全时反馈的良性闭环。于孩子，最重要的是人生开始阶段的家庭教育，他们从中感受呵护，吸取养分，开启梦想。于家长，需要形成正确的养育、教育观念，掌握契合的教育方法。家庭是社会的重要细胞组织，它的健康与否直接影响着社会的整体机能，而良好的亲子关系是家族教育成功的基础。于学校，作为专业从事教育研究、教育实施和教育督促的职能部门，以自身为开放的学习中心体，让孩子、教师、家长幸福共长，责无旁贷。

第六章　"新"小学的学校文化

在我国经济社会由高速发展向高质量发展战略转型的时代背景下，小学教育由高速度发展走向高质量发展是必然趋势，是满足人民群众对优质、公平的小学教育需求的必然选择。在教育改革与发展的新形势下，越来越多的"新"小学涌现，而"新"小学学校文化建设是"新"小学高质量发展的应有之义，"新"小学学校文化是引领小学教育高质量发展的价值导向、内生动力，促使小学质量保障从制度规制走向文化自觉。

第一节　"新"小学学校文化建设的理论探讨

一、相关概念界定

（一）文化

在西方，"文化"最早出现在公元前 4 世纪至公元前 5 世纪的希腊，来源于拉丁文"cultura"，本意指农业上对作物的耕种和培育，15 世纪后，逐渐引申为"培养人的品德和能力"[①] 之意。18 世纪，法国启蒙思想家伏尔泰完全使用文化的含义：训练和修炼心智的结果和状态。19 世纪，文化的内涵进一步丰富：习俗、工艺和技巧，家庭生活和公共生活，宗教、科学和艺术。此后，关于"文化"的定义层见叠出，截至现在，据不完全统计数据，有关文化的定义有三百多种。

在中国，"文化"一词是汉语体系中古已有之的词汇，战国末期《易·贲·象传》中"观乎人文，以化天下"就是表明天下人要遵从文明礼仪。西汉

[①]　孙鹤娟. 学校文化管理［M］. 北京：教育科学出版社，2004：2.

以后，"文"和"化"合成一个词指封建社会的统治者所实行的文治和教化。到了现代，文化一般指的是运用文字的能力和一般的知识，如学习文化、文化水平等。《辞海》专门分了两个层次来解释"文化"，广义上是指"人类在社会实践过程中所获得的物质、精神的生产能力和创造的物质、精神财富的总和"，狭义上指的是"精神生产能力和精神产品，包括一切社会意识形式：自然科学、技术科学、社会意识形态"[1]。

不同学者在不同历史语境下对文化有不同的阐释，综上所述，"文化"其实是指人类社会在历史发展过程中积淀下来的精神成果以及由此具体化的外在表现[2]。本书认为，文化是一定的社会群体中社会成员所共享的意义体系或基本假设，包括价值观念和行为方式两大部分。

（二）小学学校文化

国外最早开始研究"学校文化"，并提出这一概念的学者是美国的华勒（Waller）。他在 1932 年出版的《教育社会学》（*The Sociology of Teaching*）一书中谈了他的认识。他认为应该把"学校文化"解释为"学校中形成的特别的文化"[3]。我国的学校文化研究是从校园文化研究开始的。1986 年 4 月上海交通大学举行第 12 届学代会，几位竞选学生会主席的学生提到了校园文化建设的问题，并将校园文化建设作为竞选旗帜，"校园文化"的概念被正式提出。同年 5 月，共青团上海市委学校部召开"上海市高校校园文化专题研讨会"。此后，关于"校园文化"的讨论和研究逐步增多，近年来随着教育改革的深入，人们发现"校园文化"局限于学校显性文化的建设上，忽视了学校隐性文化的建设，于是，内涵更为丰富的"学校文化"逐渐取代了"校园文化"。学校文化研究产生于管理科学的组织文化理论，将文化看作学校的核心竞争力。张岱年和程宜山在其著作《中国文化与文化论争》中给出了更科学、更全面的定义："文化是人类在处理人与世界关系中所采取的精神活动与实践活动的方式及其所创造出来的物质和精神成果的总和，是活动方式与活动成果的辩证统一。"[4]

在目前的学校文化的研究中，权威的界定有以下两种：第一，广义定义类。其认为学校的文化是学校的一种衍生产物，是一个学校的附属品，是社会

---

[1] 夏征农，陈至立. 辞海 [M]. 6 版. 上海：上海辞书出版社，2009：4117.
[2] 孙星. 南京市 A 小学学校文化建设的个案研究 [D]. 南京：南京师范大学，2015.
[3] 路易·多洛. 个体文化与大众文化 [M]. 黄建华，译. 上海：上海人民出版社，1987：116.
[4] 张岱年，程宜山. 中国文化与文化论争 [M]. 北京：中国人民大学出版社，1990：2.

文化的亚文化。它的意义类似于宏观社会的道德标准，给学校的教师、学生、行政人员等设立一个道德的屏障，规范他们为人处世的作风。同时它还具备为学校中所有人的行为提供一个更高的标准，促进他们不断地提高自身觉悟，努力塑造自身素质的功能。第二，狭义定义类。相对于广义的定义来说，其特指校园文化范畴。这种定义大致可以分为校园风气、学校文体活动、师资力量的专业素养和学生的言行举止①。

综上所述，小学学校文化是从属于社会文化的亚文化部分，是小学立足于本土文化和学校历史基础上在学校长期发展过程中逐渐形成的，被学校全体成员认可并遵循的价值观、基本假设和行为规范的总合，是学校独特的风格，是联系、协调学校所有成员的关系纽带，是学校的灵魂。

（三）高质量发展背景下"新"小学学校文化建设

在新时代，高质量发展已经成为我国经济社会发展转型的时代主旋律和最强音。高质量发展意味着更有效率、更加公平、更可持续的发展，高质量发展是质量发展的最优状态和终极旨归。高质量发展本身蕴含着追求卓越质量文化的属性，强调内涵发展与发展的自觉，高质量发展涉及理念、目标、制度等深层次的文化变革②。

学校文化形成或不断重构的过程就是学校文化建设。在一所有一定办学历史的学校，学校文化建设是学校自主理性地对学校已有的文化进行总结、概括、分析和反思，并在此基础上依据学校改革和发展的新目标引入新文化要素，对已有的文化进行改造和重组，来弘扬学校优秀的文化传统，不断创新学校文化的过程③。在高质量发展背景下，"新"小学学校文化建设是以"新"小学教育质量为核心的价值观念、制度规范、行为模式等"软件"及其物质载体形成或不断重构的过程。

具体而言，"新"小学学校文化建设需要做到以下几方面：一是形成或者重构学校的教育质量核心价值观念，使其满足社会发展和学生身心发展的需求。二是以重构核心价值观念为导向，系统地反思学校已有的制度、活动，找出其中不合时宜的内容。三是根据核心价值观念的要求和反思的结果，通过各种方式方法推动学校制度、教育教学、管理以及活动的变革。四是全校师生共

① 孙星. 南京市 A 小学学校文化建设的个案研究 [D]. 南京：南京师范大学，2015.

② 姚伟. 价值与路径：高质量发展背景下幼儿园质量文化建设探寻 [J]. 东北师大学报（哲学社会科学版），2020（6）：98.

③ 石中英. 学校文化建设：三个基本概念 [J]. 中小学校长，2009（6）：6.

同达成共识，长此以往开展以上活动，促进观念、制度和行为的有机联系。这就是学校精神、物质、制度、行为的建设过程，如此方可在小学形成具有鲜明特色的文化氛围、健康良好的育人环境，促进学校的发展。

二、"新"小学学校文化的功能

学校文化有一种无形的力量，通过实体的事或物表现出来，影响全体师生的价值信念，从而对他们的态度和行为产生深刻的影响，使所有成员接受学校的价值信念系统，做出有利于实现学校办学目标的行为。学校文化作为一种教育机构的文化，既具有一般文化的导向功能、激励功能、凝聚功能、控制功能和品牌功能，也具有特殊的教育功能、检视功能、创造功能和辐射功能。而"新"小学学校文化主要突出表现在其教育功能上。

（一）德育功能

第一，有利于陶冶小学生的情操。优美的校园环境有着春风化雨、润物无声的作用。如诗如画的校园风光，布局合理的校园建筑，鸟语花香的校园景致，干净整洁的道路交通，美观科学的教室布置，文明科学的文化教育设施，积极向上的学习氛围，文明有礼的交往环境……无不给学生以巨大的精神力量。尤其是对于好奇心强的小学生来说，周围形象化的优美环境特别能吸引他们的注意，带给他们积极的情感体验。小学生在这样的学校文化氛围中能受到感染和熏陶，触景生情，因美生爱，进而形成热爱学校、热爱家乡、热爱祖国的高尚品德。丰富多彩、健康高雅的学校文化，对低俗的非理性的文化及各种消极腐败思想也能起到很好的抑制作用，所有这些都有利于学生形成正确的世界观、人生观、价值观。

第二，有利于规范小学生的行为。健全的规章制度及健康的集体舆论对小学生的学习生活及思想言行具有规范作用。当学生的思想言行不符合学校主导的精神文化要求时，他就会进行自我调节矫正。

第三，有利于培养小学生良好的精神品质。学校文化通过建筑物、主题墙、校园景观等各种形式传递给学生一种积极向上、乐学善思的一种精神追求，激励学生树立远大的理想，并为实现理想而努力学习。在此氛围中，学生和睦相处、团结友爱，规范自身的言行，修正自己的缺点，磨炼自己的意志，从而形成良好的精神品质。

第四，有利于培养学生健康的个性。小学生好奇心强、兴趣爱好广泛，渴望精神生活的丰富多彩。多彩的学校文化活动适应了小学生精神需求的多样化、个性化的特点，避免了对学生人格塑造单一化倾向。那些个性特点较突出的学生能找到适合自己的发展空间，在活动中看到自己的价值，从而激发他们的自主性、自尊心和自信心，树立一个真实、完整、积极的自我形象，形成积极向上的生活学习态度。

（二）美育功能

爱美是人的天性，小学生也不例外。然而，由于小学生处于儿童期向青春期过渡的特殊时期，在追求美的过程中存在着明显的弱点：他们追求美，却不善于识别美，常把新、奇、特视为美，甚至误以丑为美；只追求外在美，而不善追求内在美，往往认为仪表的漂亮就是美，而不懂得美具有广泛复杂而深刻的内涵。健康向上的学校文化氛围有利于培养学生正确的审美观，提高他们的审美能力及创造美的能力。

学校环境文化可以升华为学生的情感美。美丽安适的校园环境、文明礼貌的语言环境、和谐宽松的人际关系，都可帮助学生学会鉴赏美、追求美和创造美。学校行为文化可以提升为学生的心灵美、语言美和行为美，使学生真正懂得和体验到诸如"大方""优雅""和谐""风度"等描述美的词汇的含义，从而使得这些方面变为他们自身的一种需求，促使学生不断地去认识美、创造美。

（三）实践功能

在"新"小学学校文化建设中，小学生既是学校文化建设的主力军，也是学校文化的行为主体。丰富多彩的学校文化活动，如各类社团活动、少先队活动、仪式教育、社会实践等，既可以培养学生的兴趣特长及创造能力，提高学生的动手能力，使学生掌握多种技能，树立尊老爱幼、热爱劳动等观念，还可以磨炼学生意志，提高学生组织管理能力，为学生以后走向社会奠定坚实的基础。

三、"新"小学学校文化的结构

按照由内而外、由深层到表层的顺序，将学校文化的结构划分为学校精神文化、学校制度文化、学校物质文化和学校行为文化四个层次。精神文化是一个相对稳定的系统，是学校的灵魂和哲学，是学校所有工作的理念导向，同时精神文化也是学校文化建设的核心；制度文化作为学校价值目标的保障体系，通过外部规程的约束成为学校全体成员共同认可并能自觉遵守的行为准则，以此保证学校成员活动和学校发展目标的一致性；物质文化作为学校文化的表象层，包括学校进行教学、管理、教研等活动所需要的物质设施和学校环境，折射出学校所独有的文化底蕴和理想追求；行为文化是学校文化的浅层，学校一切教育教学管理工作都是通过一定的行为和有组织的活动来进行的，体现在学校全体成员的一举一动。四者紧密联系，构成学校文化的有机整体。

（一）"新"小学学校精神文化

精神文化作为学校文化的内核，统领着学校日常运行的管理方式和工作，决定着学校办学理念、文化理念以及校训、校风、教风、学风。这种精神是学校全体师生员工共同秉持和遵循的价值追寻和心理诉求。它体现在学校教育教学实践活动以及师生日常交往行为之中，具有潜移默化的影响力，并决定着一所学校最终的发展方向。

小学阶段作为整个教育事业发展的初级阶段，必然承担着基础教育的重任。此时的小学生心智尚未成熟，具有强大的求知欲望，且很容易受到周围环境的影响，他们需要健康积极的校园文化的引导。因此，高度重视小学学校精神文化的建设并制定有针对性的措施实属必要。小学学校精神文化建设要求学校主体在继承经岁月积淀和打磨的优秀小学学校精神文化精髓的同时，立足时代背景，依据教育教学的实际情况不断优化和创新，从而打造出有血有肉、特色鲜明，并为全体师生所认可和遵循的小学学校精神文化，体现育人价值，用于指导小学日常的具体工作。于小学生而言，身处在这样一个良好的学习文化氛围之中，能促进自身身心健康发展；于学校而言，落实核心素养的培育，对提高教与学的质量和水平具有长远的意义。

（二）"新"小学学校制度文化

制度文化是人类长期实践形成的对制度的价值判断及行为方式。学校制度文化是指由学校制度所承载、衍生并推动的文化。它渗透于学校的组织机构、规章制度、岗位职责和工作流程之中，是学校全体师生广泛认同并遵守的价值取向和行为准则，体现学校独特思想观念及处世风格。学校制度文化的构成要素包括制度文本、制度体系、内涵和外延。学校制度文化既是主体发展的环境，也是学校主体的社会性的体现。有学者将学校制度文化分为学校传统和学校规章制度两类，学校传统包括校训、校歌、校徽、优良作风和文体活动等，学校规章制度包括学校的管理制度、学生守则、行为规范和其他强制性的措施等。有的学者认为学校制度文化由学校组织机构和学校管理制度两部分组成，从根本上说，学校制度文化其实就是一种意识形态和社会心理。

综上所述，小学学校制度文化是指渗透于小学校内组织机构、规章制度、岗位职责和工作流程中的价值观念和风格特色，是生成和执行各类制度过程中折射出来的师生共同的价值取向和行为准则。新时代赋予小学制度文化新内涵，具体表现为：渗透于小学校内组织机构、规章制度、岗位职责和工作流程中的坚持制度规范与以人为本相统一、"家校共育""教师增权赋能"等新时代折射的价值观念和风格特色，是生成和执行各类制度过程中折射出来的师生共同的价值取向和行为准则。

（三）"新"小学学校物质文化

在《学校文化新论》一书中，俞国良、王卫东、刘黎明指出，学校物质文化作为学校文化的有形组成部分，是可以看得见摸得着的物质文化形态[①]；王邦虎认为，学校物质文化是在人们创造与使用中能够体现出创造者的信仰与价值，并被人们感官直接触及的存在物[②]；李倩玉认为，学校物质文化是全体师生在长期的学校教育生活实践中创造、积累和共享的文化财富，是学校文化不可或缺的物质载体[③]。本书将学校的物质文化界定为：学校师生共同创建与使用，能够体现国家的教育目的、学校的培养目标，同时具有一定的审美与人文内涵的物质环境。学校物质文化不仅包含"硬件"方面的整体布局、学校设施设备、标志性建筑以及绿化美化，也具有"软件"即物质中所蕴含的价值取向、学校办学的理念、传递的文化精神以及科学艺术等方面。如果将学校文化比作"冰山"，其冰山则是外显的学校物质文化，而在冰山下则蕴含着丰富的学校精神文化与制度文化。

（四）"新"小学学校行为文化

行为是行为文化的根源，不同的学者从不同的角度给出了各自的定义。范国睿在《学校管理的理论与实务》一书中给出以下定义："所谓行为文化，是指学校主体所表现出的文化形态，其内容：一是师生员工的生活方式、行为方

---

① 俞国良，王卫东，刘黎明. 学校文化新论 [M]. 长沙：湖南教育出版社，1999：99-100.
② 王邦虎. 校园文化论 [M]. 北京：人民教育出版社，1999：65.
③ 李倩玉. 以育人为本的小学物质文化建设研究 [D]. 长沙：湖南师范大学，2017：5.

式、思维方式以及在此基础上形成的校风、班风、学风等学校气氛；二是表现为多种形式的文化、体育、娱乐活动。学校行为文化是观念文化的外化。"[1] 赵中建在《学校文化》中提出："学校行为文化就是指学校教职员工在教育实践过程中产生的活动文化，是学校作风、精神面貌、人际关系的动态体现，也是学校精神、学校价值观的折射。"[2] 邓党雄在《校园文化建设论》一书中将校园文化的特点概括为："如果说精神文化是校园文化的核心和灵魂，那么，活动文化是校园文化的外壳，是传达这种核心与灵魂的载体，没有这种载体，校园文化则无法显现。"[3] 以上学者对学校行为文化给出了很多定义。学校行为文化是学校经营风格、精神面貌、人际关系的动态体现，也是学校精神、学校价值的体现。依据分类的依据和标准不同，学校行为文化具有不同类别，倘若以学校行为文化的主体为依据，可以分为学生行为文化、教师行为文化、干部行为文化和教工行为文化；倘若以学校行为文化的主体范围为依据，则可分为个体行为文化、群体行为文化和全体行为文化；倘若以学校行为文化的研究内容为依据，可分为教学行为文化、课外活动行为文化、管理行为文化等。

第二节 "新"小学学校文化建设提出的背景及建设思路

一、"新"小学学校文化建设提出的背景

（一）"新"小学学校文化建设的时代呼唤

随着我国教育普及工作的持续进行，"上学难"问题已经得到有效解决，教育机会普及全面实现，人民群众"有学上"的教育需求得以满足，对高质量教育和优质教育的追求日益凸显，即"上好学"成为人们新的教育需求。从2015 年到2021 年，在连续 7 年政府工作报告中，"公平"和"质量"一直是教育发展主要任务的核心词。2017 年党的十九大报告明确指出，我国经济已

---

① 范国睿. 学校管理的理论与实务 [M]. 上海：华东师范大学出版社，2003：337.
② 赵中建. 学校文化 [M]. 上海：华东师范大学出版社，2004：325.
③ 邓党雄. 校园文化建设论 [M]. 北京：华龄出版社，2004：32.

由高速增长阶段转向高质量发展阶段，中国特色社会主义进入了新时代①。高质量发展成为新时代社会主义事业发展的重要阶段特点和发展目标，教育领域的高质量发展也亟待推进。2019年，中共中央、国务院印发的《中国教育现代化2035》提出，要发展具有中国特色的、达到世界先进水平的优质教育，推动各级教育高水平高质量普及②。2020年，党的十九届五中全会指出，我国教育已经转向高质量发展阶段，明确指出要建设高质量教育体系③，将教育高质量发展提升到国家战略目标的高度上。国家会议的召开和政策文件的出台，体现出国家对教育高质量发展重视程度的不断提高，也侧面反映出人民对高质量教育的追求。

目前我国教育发展正在由原来的依靠外部投入进行数量和规模上的增长、扩张，向注重提高教育质量和教育效果的方向迈进。国家的前期财政投入使得学校在硬件资源配置上的差异不大，学校办学质量的提高主要还需要在软件资源方面有所改善。在这种情况下，仅仅依靠政府的外部教育输入是不够的，更多的是需要依赖学校自身，实现学校的自主发展和内涵发展，而学校文化建设就是学校内涵发展的一个有效途径。因此，促进新小学的文化建设是当前追求教育高质量发展的需要。

（二）当前小学学校文化建设存在的问题

近年来，出于对学校文化建设的重视，不少学校将资金投在学校文化建设上，但实际上取得的效果并不显著，在大费一番心血后，学校所提出的学校文化建设思路成为空中楼阁，无法落地实施。当前学校文化建设的问题主要表现在以下几个方面。

1. 理论研究肤浅，缺乏专家引领

理论是行动的先导，没有理论指导，行动往往会盲目。小学文化建设虽然是中小学教育工作的重要组成部分，但是从目前公开发表的论著看，更多的文章关注的是高校校园文化建设，对小学文化建设的研究较少，研究内容更多也是针对校园文化建设的个案研究，针对区域性的小学文化建设研究很少。

---

① 习近平. 决胜全面建成小康社会 夺取新时代中国特色社会主义伟大胜利——在中国共产党第十九次全国代表大会上的报告 [N]. 人民日报，2017－10－28（001）.

② 中共中央、国务院. 中国教育现代化2035 [N]. 人民日报，2019－02－24（001）.

③ 中共中央关于制定国民经济和社会发展的第十四个五年规划和二〇三五年远景目标的建议 [N]. 人民日报，2020－11－04（001）.

随着教育改革发展和推进素质教育，小学对学校文化建设的研究开始得到重视，经济发达地区的部分学校率先做出了有益的探索，通过借鉴高校的学校文化建设经验，取得了一定的理论研究成果，但从整体上看，理论研究的水平不高，局限在德育或者思想教育理论范围之内，很少有理论上的突破，难以真正发挥校园文化建设的作用。同时，从事校园文化研究的大多是高校教师，身居大学校园，远离小学校园，对小学校园文化建设的特殊性并不是十分熟悉；缺乏权威的小学校园文化的专家针对学校特色实地考察，深度挖掘，提炼出学校的特色文化。

2. 实践探索不深，层次过于浅薄

由于理论上的薄弱、肤浅，当前小学学校文化建设在很大程度上存在着盲目性和随意性。有计划、有目的地营造学校文化，区域性整体推进学校文化，积极探索学校文化建设实践工作的典型学校还不多，主要表现在：一方面，小学学校文化建设实践探索工作力度不足。在调查中发现，无论是学校的管理层还是一线教师，对学校文化建设的内涵理解不够，没有人来专门研究此项工作。从整体上看，物质文化建设得多，精神文化仍局限在德育工作层次上。另一方面，小学学校文化建设实施层次过于浅薄。小学学校文化建设较多侧重在对办学理念的表述和物质环境的改善上，或是热衷于纸上谈兵和做表面文章，执行力却未见提升。

3. 忽视师生认同，主体意识不强

在调查和采访有关小学时，学校管理者对学校文化建设的认同和教师认同有着不同的表现：学校管理者对学校文化建设侃侃而谈，从理念到实践了如指掌；然而与教师交谈时，发现他们只能叙述学校所开展的活动，对于学校文化建设的结构与内容不甚了解。

学校对于教师文化认同的培育自然期望以最高目标为依归，希望所有的新老教师都能够保持吃苦耐劳、无私奉献的精神，希望教师能够在最高层次也就是在情感上认同学校的文化理想。培育学校成员的文化认同意识，最重要的不是不允许学校存在任何问题和缺陷，将学校打造成完美的精神家园；而是让学校成员能够充分而全面地了解自己的学校，对学校的信仰和观念、历史和现状以及制度和管理等形成积极且理性的认识，进而逐渐将学校核心价值内化为自我的意识，成为学校这一组织中有意义的构成主体。

4. 缺乏特色呈现，盲从现象严重

学校在开展文化建设的过程中，都经历了一个探索与积累的过程。在缺乏理性思考和理论支撑的基础上，学校的文化建设往往呈现一种"跟风"态势。这样的例子举不胜举，如与环保主题相关的绿色校园、生态校园等；开学之际，新生入学常常有"开笔礼""入学礼"等仿古的庆典仪式，其主题雷同，形式相当，既没有新意，也体现不出学校特色。特别是学校的校训校风，相差无几。学校精神的建设与培养取决于校训的制定，校训往往是凝聚几代校园人思想和学校特色的一种理念，是学校办学发展和特色追求的目标和方向，它需要几任领导甚至几代人的探索研究，才能形成稳定的、内涵丰富的、具有特色的校训。然而，一些小学的校训在内容上几乎是一样的，诸如"团结拼搏、改革创新、锐意进取、勤奋求实"等。这说明小学的学校文化建设盲从现象较严重，缺少自己办学理念上的文化思考。

二、"新"小学学校文化建设的原则

李明山在《小学校园文化建设的现状与对策》中指出，在小学校园文化建设中，要把握继承与创新的原则、规划与布局的原则、以点带面的原则[1]。郭云丽指出，小学校园文化建设要坚持四项原则，分别是坚持和谐的原则、坚持协同性的原则、坚持素质教育的原则、坚持整体性的原则[2]。马樱在《小学校园文化建设的研究》中指出，要以马克思主义世界观、人生观、价值观为指导；坚持教书育人、管理育人、服务育人、环境育人的要求；坚持突出重点，抓住要害；校园文化建设与创造美好的环境相结合，注意整合资源[3]。高伟芳在《论中小学校园文化建设》中指出，要坚持继承和创新原则、系统性原则、建设的公平性原则、因地制宜与因校制宜的原则、合理规划与整体布局的原则、以点带面与边评边建的原则[4]。

综上所述，结合当前我国在教育领域中提出的教育高质量发展战略以及当前学校文化建设中存在的问题，本书从三方面提出"新"小学学校文化建设应遵循的基本原则，以促进学校文化建设，进而推动教育高质量发展。

---

[1] 李明山. 小学校园文化建设的现状与对策 [D]. 呼和浩特：内蒙古师范大学，2012.
[2] 郭云丽. 小学校园文化建设的现状对策研究 [D]. 大连：辽宁师范大学，2013.
[3] 马樱. 小学校园文化建设的研究 [D]. 苏州：苏州大学，2008.
[4] 高伟芳. 论中小学校园文化建设 [D]. 苏州：苏州大学，2013.

（一）思想性原则

学校文化建设的实施是一个"做"的过程。而"做"从来都离不开"想"，学校文化建设的实施是思想与实践并进的过程，不但在实施之前要作详细的计划和长远的打算，在实施的过程中也要不断地思考实施过程中遇到的困难，实施效果的评估和实施的行为等都需要思想来作支撑。

在学校文化建设实施过程中需要的思想是多方面的，也是不同层次的。思想是学校文化建设实施的动因。每一项学校文化建设具体实施的活动都应有详细的方案和周密的安排。思想又是评判事务的标准和依据。每一项学校文化建设具体实施活动过后都应有深刻的反思，作为今后开展学校文化建设的指导经验。

学校文化建设起于思想，通过行动，也见成效于思想。例如，学校文化建设力图传递爱人助人的理念，可以通过向灾区献爱心，帮助困难群体或是帮助身边的同学等方式来让学生行动，而最终这项活动的目的是让学生通过爱他人或被他人爱而学会爱，通过帮助他人或被他人帮助而学会帮助。如果一项文化建设缺乏思想，那么它最后的成效往往也不会深入人心。

（二）实践性原则

学校文化建设的实施就是一个"做"的过程。在实践之前应先考虑可行性，如人员配置是否合理，学校是否有学校文化建设管理方面的专家，而这些专家是否能承担学校文化建设实施工作的责任，学校师生能否完成预定的学校文化建设的目标。比如，环境的建设，学校现有的场地、设施是否能够保证学校文化建设的顺利实施，学校精神环境是否能为学校文化建设的实施提供保障。又如，学校文化建设是否有明确的内容，改革和引入的文化是否能与学校旧有的文化相融合。

（三）因地制宜的原则

"新"小学学校文化建设要求学校基于自身实际选择和确定适合自身发展的方式和道路。因此，新小学进行学校文化建设时首要考虑的是应该如何确定和制定发展道路使其最大限度地符合学校实际，进而真正促进学校的发展和进步，也就是要因地制宜。"新"小学在因地制宜进行学校文化建设时需要注意：一是充分挖掘学校历史文化传统。学校历史文化传统是学校经历时间流转的积淀而保留下来的，对其需要辩证地看待，将其中适合现在学校发展的部分继承和发扬，形成学校的文化发展特色，并深入挖掘学校历史文化传统中蕴含的各种资源，为学校文化建设提供条件和能量。二是注意与地域特色相结合。学校文化建设依托地域特色，可以从地域发展中挖掘资源，为"新"小学学校文化建设提供良好的外部环境。另外，地域特色也可以带给教师和学生熟悉感，增强师生对学校文化建设的认同感。三是考虑学校内部因素。每所学校的校长、教师、学生、校园文化等内部要素都有其特点，要充分考虑到这些因素对学校文化建设的影响，将特点转化为学校文化建设的特色。四是与当地经济社会发展相适应。学校文化建设应考虑到当地经济发展和社会需求，在学校文化的熏陶下培养出适应当地经济社会发展的人才，推动经济发展，而当地的经济得到发展后，也可以反作用于学校文化建设，形成良性循环。

（四）以实现教育教学目标为基础的原则

我国普通中小学教育的性质是基础教育，它的任务是培养全体学生的基本素养，为他们学习做人和进一步接受专业（职业）教育打好基础，为提高民族素质打好基础[①]。正因为中小学教育具有基础性、全面性和全体性，所以每个接受教育的学生都需要完成规定的教育任务和教学目标，来为自己未来发展打好基础。教学大纲中规定的教育教学目标是学校必须完成的基本任务，"新"小学学校文化建设必须要在完成此项任务的基础上进行，不能因为学校文化建设影响学校正常的教育教学工作。"新"小学学校文化建设的一个重要目的就是通过学校自主发展、内涵发展，来提高教育教学质量，实现教育的高质量发展，因此，更加不能因为要进行学校文化建设而影响到日常教学活动。当前"新"小学学校文化建设存在的一个问题就是学校过分强调和重视某一方面的文化建设，努力想要将其做大做强，甚至影响了正常的教育教学活动，这种做法显然是不可取的。"新"小学学校文化建设可以作为正常教育教学活动的一部分或是重要补充，但是不能本末倒置，影响正常教学秩序。

三、天府一小文化建设的顺序

（一）学校文化素描——"雅正文化"

天府一小传承成都市实验小学百年校训"堂堂正正做人，勤勤恳恳做事"，

---

① 王道俊，郭文安. 教育学 [M]. 7版. 北京：人民教育出版社，2016：97—99.

继承"雅教育"的主张。"雅正文化"如是解读:"雅,正而有美德者";"正,是也",乃使之恰当,引申为"应然"。"雅正"兼具"雅之美好高尚""正之应然恰当",自"雅"而"雅正",取其"美好高尚的应然"之意,天府一小的"雅正文化"由此诞生。

(二)天府一小文化建设的思路

1. 四个层次的学校文化之间的关系

一般来说,学校文化建设一般分为物质文化建设、精神文化建设、制度文化建设和行为文化建设四个方面。这四类文化并不是彼此孤立的,而是一个相互联系的有机整体,服务于整个学校的发展。其中,物质文化是载体,精神文化是核心,制度文化是保障,行为文化是表达,学校文化建设模式正是在这四类文化的相互作用之下而形成的。这四类文化之间的关系如图6—1所示。

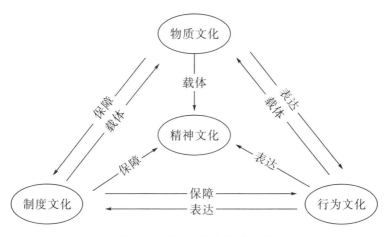

图6—1 学校文化之间的关系

2. 天府一小学校文化的建设思路

叶澜曾指出:"学校文化个性的形成取决于学校领导对自己学校历史中形成的文化传统的把握和辨析,对当代社会变化和学校文化使命的把握,以及对目前学校师、生状态以及他们不同生活背景中形成的文化特征的把握,并在此基础上,提炼、形成体现和适应本校办学理念的文化追求。有这样一系列的具体分析与整合,才能入木三分地勾勒出学校理想的、可实现的文化个性的建设目标。"① 可见，学校文化建设的一般思路需要注意以下三个方面：一是以校为本，基于学校的历史和现实；二是以人为本，多主体共同参与，体现不同行为主体的文化特征；三是以发展为本，与未来社会的发展相适应。

第一，以校为本，基于学校的历史和现实。学校作为学习文化的场域，理应从中华优秀的传统文化中汲取营养，从学校的自身历史传统入手，寻求学校优秀的文化传统，找出特色生长点，继而加以开采与发扬。我们所挖掘出来的文化传统毕竟与当今社会相隔了数十年乃至数百年之久，必然与当今社会现实和学校需要相脱节，不能拿来直接套用，必须对其进行取舍、综合和转化，使之能够更好地服务于师生的教育实践活动。因此，以校为本的校园文化建设是在根植于学校自身的文化传统的基础上，进行创造性地升级与转化，既与学校的现实需要相结合，又与学校的未来发展相适应。

第二，以人为本，多主体共同参与。人始终是文化建设的主体，人的生活方式及其所蕴含的精神世界的改善既是学校文化建设的根本途径，也是学校文化建设的最高目的。因此，学校的文化建设并不是学校领导的一家之言，而是需要全体师生共同参与。作为学校教育活动的主体，师生的教育实践影响着学校文化的建设，学校文化建设的成功与否同样可以通过学校师生的行为方式、个人感受以及变化表现出来。由全体师生共同参与的学校文化建设必定是与师生发展需求相匹配，能够快速得到师生认同并渗透在全体师生的日常行为举止中，以外显的方式表现出来。

第三，以发展为本，与未来社会相适应。优秀的学校文化建设不是一蹴而就，而是随着社会发展、教育变革以及师生的行为方式等因素的变化而不断发展生成的。许多百年老校之所以到今天仍然散发活力，与以发展为本的学校文化分不开。以发展为本的学校文化扎根于历史的土壤中既回应了当下的办学需要，又为未来的发展留下了足够的空间。因此，优秀的学校文化建设应该始终坚持立德树人的根本任务，调动全体师生的积极性参与其中，"着眼当前并放眼未来，做好顶层设计"②，坚持一以贯之的文化建设思路，摒弃狭隘的断裂式思维，建设与未来社会发展相协调的学校文化。

总之，学校文化建设不是一朝一夕的事情，学校领导者应该立足于本校的文化传统，兼顾全体师生的现实需求，调动全体师生参与学校文化建设的积极

---

① 叶澜. 试论当代中国学校文化建设 [J]. 教育发展研究，2006（15）：10.

② 张铭凯，靳玉乐. 新时代需要什么样的学校文化：兼论学校文化建设的文化失守与文化复归 [J]. 内蒙古社会科学，2020（1）：192.

性，构建既服务现在又面向未来的学校文化建设蓝图。

第三节 "新"小学学校文化的建设内容

一、"新"小学学校精神文化建设

（一）以"雅正文化"为依托的理念建构

未来学校的竞争，归根到底是学校文化的竞争。天府一小秉"雅正文化"理念，实行"雅正"教育，讲求"融合、创新、人文、学术"，主张设"雅正"之课，砺"雅正"之师，广"雅正"之教，育"雅正"之才。"雅正文化"要求教师为人师表，以身作则，怀有终身教育的理念，细心、耐心滋养学生的心灵；要求学生养成良好行为习惯，成为勤恳做事、正气凛然、堂正做人的"雅正"之才，从而为其成长和终身幸福奠定牢固的基石。

"雅正文化"成为天府一小办学的灵魂，也成为天府一小值得品味的招牌。它使得在校所有师生有了共同的奋斗目标，引领着学校的各项建设。文化立校当之无愧地成为推动天府一小可持续发展的重要支撑。

在"雅正文化"的统领之下，天府一小提出创办"天府小学校，蜀中大雅堂"的办学愿景。从"天府小学校"迈向"蜀中大雅堂"，"小"与"大"这对反义词彰显了小志存高远的胸襟和抱负。纵观大世界，一所小学校犹如沧海一粟，但无时无刻不在孕育和滋养着莘莘学子。学生、家长、教师以及因校缘聚的所有人构成了天府这所"小"学校，他们有相同的价值观念、相同的教育信念、相同的教育追求，构建幸福共长中心体的过程便是"天府小学校"成就"蜀中大雅堂"的必经之路。至此，天府一小一直秉持着"幸福共长"的价值观念，学生因能身处于雅致的校园而感到幸福，教师因能为中华育"雅正"之才而感到幸福，家长因能陪伴孩子、与教师同行而感到幸福。每一个学生、教师和家长参与构建的学习共同体将会赋予天府一小无穷的力量，成为天府一小开展教育教学工作的不竭之源。这一办学愿景为天府一小的发展指明了方向，同时这也是建设符合天府一小实际和时代特色的校园精神文化的良好体现。

"堂堂正正做人，勤勤恳恳做事"是天府一小的校训，也是师生共同推崇的精神信仰，这与天府一小特色的办学理念和文化理念一脉相承。校训一经确立便如春风化雨一般滋养孕育出良好校风、教风和学风。校风更进一步地阐明学校整体的工作作风——"守正、尚勤、崇礼、求活"，其正是天府一小校训的具体体现，它展现了天府一小讲求身正、肯定勤奋、注重礼仪、灵活生动的精神风貌。教风主要是体现在教师日常教学实践中的精神风貌和教学态度，天府一小"和而不同"的教风便是教师群体在秉承校风的基础上所形成的日常教学规范，它要求教师各尽所长，相互包容和学习，进而营造出多彩多元的校园文化。学风主要是指校园内整体的学习风气及学术氛围。天府一小"活而有常、活而有术、活而有道"的学风正是在良好校风和教风的引领下所确定的。"有道无术，术尚可求也，有术无道，止于术。"① 天府一小希望学生的成长能遵循一般的发展规律，进而在成长的过程中形成良好的道德品质，具备优秀的能力。

（二）以课程体系为核心的实施路径

天府一小的精神文化建设以"雅正"为主线，以课程体系为核心，聚焦"立德树人"，聚力"五育融合"，实施全域课程，协同育人。"雅正"课程落地生花，与"雅正文化"有机融合，共同促进天府一小茁壮成长。

为每个学生提供适宜的教育，始于为每个学生提供适宜的课程。天府一小的学生课程体系包括三阶"＋"课程。第一阶"＋"课程以国家课程为核心，以"＋"为理念，构建"学生基础课程"，为的是开齐开足开好国家课程，"＋"的是时间，"＋"的是内容，"雅正文化"蕴含其中，让每一位学生都能得到普遍发展，设"雅正"之课，育"雅正"之才。第二阶"＋"课程是在"学生基础课程"基础上，叠加"学生生习课程""学生拓优课程"，形成"学生课程体系"，"＋"的是生活实践，"＋"的是成长需求，让课程符合学生发展的需求，让学生养成良好行为习惯，成为勤恳做事、正气凛然、堂正做人的"雅正"之才。第三阶"＋"课程是在"学生课程体系"基础上，叠加教师课程，牵引家长课程，构建"雅正课程体系"，"＋"的是课程"联建"，"＋"的是协同育人。教师为人师表，以身作则，细心、耐心滋养学生的心灵，家长配合教师工作并用心陪伴孩子，秉持着"幸福共长"的价值观念，教师、家长课程最终指向助力学生成长，共育共长。以上课程构成了天府一小的"五育融合"课程体系，润养学生全面与个性发展，成为"活雅学子，品正思活，明德尚学，其业勤蕴活泛，其友善睦朋侪，其知礼以守正"。基础课程导学而生慧，

---

① 陈鼓应. 老子今注今译［M］. 北京：商务印书馆，2006.

使学生不惑；生习课程导行而立德，使学生不忧；拓优课程扬长而自信，使学生不惧。在教师、学生、家长的互动中秉持"雅正文化"理念，实行"雅正"教育，共同促进学生的全面发展，努力向"雅正者"靠拢。

极富特色的学生课程、教师课程和家长课程的开创是天府一小将"雅正文化"理念落到实处最好的印证。天府一小将良好校风、教风、学风的精神内核浸润在学校的课程创新建设中，根植于全校师生的内心深处[①]，通过特色课程充分发挥校园精神文化建设的育人功能。

（三）以寓教于文与寓教于乐为支持的活动建设

校园活动是校园文化的载体和依托，通过开展丰富多彩的校园活动可以创生出新的文化。校园精神文化活动以体现和丰富校园精神文化为宗旨，以满足师生共同需求为起点，以生动活泼、健康向上、激发学生参与兴趣的内容为主题，进而凸显教育性，为学生全面成长构筑良好的教育底色。天府一小始终坚持"立德树人"的新时代教育理念，将德育摆在优先位置，努力将精神文化的创建融入日常开展的各种活动当中。

"每周美诵"诗文活动，拓展学生学习生活的意境。高赞春光旖旎，夏阳酷暑、秋实之美、冬雪飘扬；歌颂百年华诞、赤子丹心。长此以往，有助于提高学生的识字与阅读能力，提升学生的记忆水平，培育学生形成高尚的道德情操。"雅正国学·读最美"诵读比赛以赛促朗读训练常态化，让学生真真切切感受到语言的意蕴之美和节奏之美。

举办"尔雅足球赛"，让学生的梦想在足球比赛中绽放。学生亲手绘制"尔雅杯"足球赛宣传海报，构思足球赛表演操的动作，歌唱有关足球的童谣，"尔雅杯"啦啦队、"尔雅杯"爱心义卖等系列活动也同步开展起来。一场无关胜负的足球赛增强了班级的凝聚力，让学生知道团队合作的重要性以及身上肩负的责任和担当，在强身健体的同时收获精神层面的欢愉。

此外，天府一小还举办了"开心麻花"贺岁末、"天一稚子"挂灯笼、寄信活动、"小学生安全法律法规教育"主题讲座、阅读分享会、"童心向党传红色"清明研学、"逐梦青春，强国有我"秋季运动会等各式各样的文化娱乐活动，将学生的学习生活浸润在"雅正文化"之下，"雅正"氛围愈加浓烈。

---

① 罗宽海，赵光义. 基于校训的学校课程与文化建设创新［J］. 教育研究与评论（中学教育教学），2021（12）：33.

二、"新"小学学校物质文化建设

学校物质文化的功能既然是多样的，那么实现的途径也是多种多样的。天府一小分析学校物质文化的凭借、示范功能的实现途径，即为师生打造一本"活"教材。

（一）利用"雅"事物发挥凭借功能

学校的一花一草、一树一木，无不彰显着学校管理者对学校的总体规划。天府一小利用学校内的"雅"事物发挥"活"教材的凭借功能。

1. 小小樱桃承载大大能量

进入天府一小，瞬间被 36 棵樱桃树吸引。在天府一小，每个班级都有属于自己的樱桃树。学生定期为樱桃树浇花、施肥、剪叶、除草，等樱桃树开花结果后，每个班的学生可以在周一升国旗活动中分享自己班的劳动成果与感悟；所有的学生都有一个共同的名字——"小樱桃"，教师也会给各个方面表现出色的"小樱桃"奖励阳光卡，其可兑换樱桃贴纸，学期末参与"樱桃红娃"的评定；同样，小樱桃也被设计在校徽、校服上；小樱桃不仅肯定了学生在各个方面的表现，同时也增加了学生的归属感。

2. 完善设施激励步步前行

天府一小校内配套设施逐渐完善，使整个校区的环境质量和办学水平不断提升，特别是校园的攀岩墙是学校的一大亮点。攀岩作为一项极限运动被称为岩壁上的芭蕾，许多攀岩爱好者用勇于攀登、敢于攀登的精神去实现肉体与精神的双重突破，而学校创设的攀岩墙除了是一种教师与学生的娱乐设施，也是对学生与教师的一种激励，鼓励大家今后无论是在学习还是生活方面，都要努力向上攀登，努力挑战自我，努力去实现每一步的突破。

3. 素雅氛围感染莘莘学子

走进学校，一抹古香席卷而来，古色古香的大雅堂，整洁的教室里传出琅琅的读书声，樱桃园里硕果累累等，到处都能感受到素雅的文化氛围。学校秉承儒雅的理念承载着中华传统文化精髓，凝聚于精雕细琢之中，让历史和文化再现；与此同时，又给人一种亲切放松的感觉，并将那指尖可触的温度带入教室之中，哪怕是在寒冷的冬季，也依旧让学生能够感受到温暖。

学校通过小小物质作为凭借，不仅仅给师生带来物质的呈现，而且悄悄地潜入师生的心灵，影响并引领着师生的发展。

（二）利用"雅"布局凸显示范功能

学校的每一处布局均体现着学校育人的理念，同时学校各个功能区的合理配置与布局也展现着学校管理者的智慧。天府一小利用"雅"布局凸显"活"教材的示范功能。

1. 教师——身正为范

活水贵在流动，生命贵在运动。在充实紧张的教学氛围中，学校增设了健身房，教师可以为自己的身体补充能量，运动不仅可以强健体魄，还能收获一份放松、一份自律、一份对生活的热爱，重拾朝气蓬勃的状态。教师的一言一行无不给学生留下深刻印象，当教师在行为上展现出对运动的追求、对生命生活的热爱时，对学生是一种无声的教育。

2. 改造——体贴为范

学生的身心健康是一切教育教学的基础，学校以学生的心理适应为出发点改造保健室，营造健康、安全、温馨的校园氛围。保健室内如家一般温馨，为学生提供抱枕、沙发、图书。这一独具匠心的改造，是想让学生在保健室也能感受到学校的温馨与舒适。天府一小还关注学生的劳动素养和动手操作能力，改造了一处天台农场，为学生开展农作物种植、中草药种植的学习活动以及科学课的室外观察提供了场所。

三、"新"小学学校行为文化建设

天府一小领导和专家团队经过反复研讨和论证，确定了"天府小学校，蜀中大雅堂"的办学愿景，以"为中华育雅正之才，为终身成长奠幸福之基"为目标，提出"雅正文化"的理念，生发了"堂堂正正做人，勤勤恳恳做事"的校训，"守正、尚勤、崇礼、求活"的校风，"和而不同"的教风，"活而有常、活而有术、活而有道"的学风，形成了与天府一小一脉相承但又和而不同的特色文化体系。

（一）在学校管理中，培养"雅正"之师

《中共中央　国务院关于全面深化新时代教师队伍建设改革意见》指出，强国必先兴师，要从战略和全局高度重视教师工作的重要性。百年大计，教育为本；教育大计，教师为本。教师是课程的参与者，更是课程的开发者，天府一小为每一位教师精心搭建成长与开放的平台，最大限度地激发教师参与学校课程的创设，超越狭隘的教育内容，激发教师的巨大潜力，提升教师的课程建设能力和教育教学智慧，让教师在成就学生的同时成就自己。"校长进课堂""专家进课堂""节节公开课""通读课标"等形式，让校长和专家走进每一位任课教师的课堂听课、评课、议课，让每位教师每期从不同的角度展示自己。学校通过网络推送给广大家长和教师观看微格教研，使其相互学习、相互提高。学校不定期组织教师开展学术研究活动，参观全国名校，由此开阔教师的教育视野。在学校的组织和支持下，教师不仅知识渊博，教学方法新颖，更能获得价值感、幸福感。

（二）在学校宣传中，形成学校文化符号

在学校外部文化宣传中，学校与不同地区的优秀小学进行广泛合作与交流，与认同"雅正"教育理念的兄弟学校增进交流。走出去、请进来，以艺术、体育、环保、公益等多种主题与各校进行合作。在全面实施素质教育的过程中，在践行"雅正"教育理念的同时，学校还关注全面育人和学生的全面发展，让每一个学生的优点得到最大的发展。

在学校内部文化宣传中，以"三力合一大于三"的文化符号来统领。天府一小虽说建校时间不长，但"文乐迎新"是学校每年都会坚持举办的一个固定活动，从氛围营造到师生、家长沉浸式的体验，给了大家足够仪式感，并逐步成为学校的一种文化符号。整个"文乐迎新"活动中，场景的浓度决定了学习的浓度，跳出方方正正的教室、规规矩矩的课堂，让学生以"触摸"的方式去学习、去感知、去成长、去获得收获。除了以学生为主角的迎新盛典，天府一小每年还有一场专属于教师的颁奖典礼，以及一场聚焦于家长的亲子运动会。学生、教师和家长，每一方都是教育场景中不可或缺的主角，因此，从三方不同的教育视角出发，天府一小分别为其构建了一场颇具仪式感的教育盛典，并且坚持每年开展，逐步形成一种学校的文化符号。

（三）在教学文化行为中，渗透行为规范

学校是培养人才的摇篮，天府一小通过适当减少时间以学科融合的方式保证规定课程内容的延伸及拓展，并由此改变上课方式，丰富上课内容。学校创建混龄走班、同伴相长的教学模式，开设机器人课程、陶艺课程、"天下成都"课程、戏剧课程等创新、创意的校本课程、地方课程，让越来越多的学生通过自我表现、自我发展、自我完善焕发无限活力；创设"向时光问好""向国旗致意""为成长蓄力""为长大献礼"等系列活动课程，让学生养成劳动习惯，培养劳动技能，浸润爱国情怀，亲近自然，传承佳节文化，让学生感受自我成长。

四、"新"小学学校制度文化建设

新时代要求教育要培养全面发展的人才，而学校制度作为育人目标的保障制度，更应表现出自身的时代性和发挥其制度文化的功能作用。根据新时代的要求，天府一小在制度文化建设的组织机构和规章制度、课程设置和岗位职责、办学理念这些方面，通过建立科学规范的机制、注入人文情怀、推进改革与创新的途径，为学校制度文化带来生机与活力，为学校良好运行提供保障，为新时代学校制度文化建设提供典范。

（一）建立科学规范的机制，学校制度文化显现规范性

学校制度文化的根本属性决定了其应具备规范性。学校制度文化是学校成员遵循的行为规范，反映学校的道德信念和意志要求。制度文化表现为规范行为的准则，为人的行为提供最低标准与界限，对师生的行为、习惯和价值在活动之间形成渗透和关照。

学校建立科学规范的机制保障学校良性运行。天府一小有完善的章程，章程共有十一章三十二条，涉及办学宗旨和办学范围、党的领导、党支部领导的校长办公会、财务、教职工代表大会、工会、教育教学、信息公开制度、教师管理等各方面的内容。其中，第四章党支部领导的校长负责制这部分内容，明确提出党支部委员会议事规则和议事决策范围、应当由学校党支部委员会会议讨论决定的重要事项、议事决策原则和程序、议定事项执行与监督等内容等。章程对各个主体都规定了明确的权利和义务，做到制度规范性。

（二）注入人文情怀，学校制度文化尽显人文性

学校作为育人场所，最终目的是关心人、培养人、促进人的全面发展，因此，学校制度文化建设必须充分考虑学校组织内外部的交流、沟通与合作，处理好民主与集中的关系、人文与科学的统一，以"雅正文化"愿景处处体现人文关怀。管理者通过走近师生、融入师生，近距离观察和研究师生，处处为师生着想，让教师、学生、家长成为制度文化建设的参与者、构建者和享有者，最终服务于广大师生。

天府一小在这一点上为我们提供了典范：课程设置方面，学校设置国学、思维、德雅、公园"小城"等课程，将课程设置的权力下放，广泛收集意见，从课程课时占比可以看出天府一小对学生人文情怀培养的高度重视；教师方面，学校实施"两自一包"的招聘制度，实现优劳优酬，提高教师福利待遇，满足教师工作、学习、生活等各方面的合理需求，充分尊重教师参与制度制定和管理的权利，建立完善的民主参与机制，教师动力被激发，愿意投身于学校建设，实现自我；学生方面，学生可自由选择 40 类课后服务课程，班级内设置岗位和奖励制度，让每位学生都能找到自己的优势，积极主动学习，发挥个人价值；家长方面，学校设立家长委员会和家长发展学校，在设置延时课程时，家委会通过问卷调查方式广泛听取家长意见，发动家长群策群力。此外，还让家长进课堂，以公开透明的民主投票方式让家长参与选择教育机构。有家长说道："天府教育想群众之所想，急群众之所急，为民办实事。"天府一小实现"以文化之'柔'，克制度之'刚'"的充满人文情怀的教育。

（三）推进改革与创新，学校制度文化彰显发展性

随着社会和学校环境的变化，学校制度文化需要不断创新来适应学校的发展。创新成为时代的"强音"，也成为学校制度文化特色的重要指标。制度文化创新不是完全抛弃传统，是继承传统与融合现代相统一。继承传统：天府一小作为成都市实验小学百年"雅"文化的传承者，借《〈诗〉大序》"雅者，正也"中的"雅"文化，发展了学校自身的"雅正文化"理念，确定其"植根传承实小文化，依托新区资源平台，创新课程设置实施，实现国家育人目标"的办学宗旨。融合现代：一是根据国内外形势改革旧管理体制，二是利用现代信息技术搭建制度文化平台。天府一小走上体制机制改革的探索之路，这是一种突破"围城"的尝试，教师优劳多劳，优劳优酬，录用教师的待遇福利与在编教师一致，略有上浮，最大限度地激发了教育活力，让教师成为教育行业中源

源不断的"活水",激发学校办学活力,为教育改革注入强大动能。家校协作促进学校制度文化不断创新。学校充分发挥家长作用,家长与学校共建、共享,监督学校工作,让传统项目精品化、新的项目创新化,实现家委会自治、家长与学校共育共长。天府一小国防课程秉持"自下而上"的模式,贯彻执行"五建构、三进入、三课表"的方针,实施退役军人进学校,推动党史学习教育和爱国主义国防教育深度融合。利用数学与信息技术知识,让孩子体会小侦探工作,帮助"国家安全部门"搜寻地图,学生学会用数学知识和"下点"技术解决问题,用融合的思维考虑问题,成功捣毁"非法数据中心"。信息化学科与国防教育结合体现制度文化的创新之举。

第七章　"新"小学的学校评价

2020年10月，中共中央、国务院印发的《深化新时代教育评价改革总体方案》，坚持把立德树人作为教育工作的根本任务，具体围绕"五个主体"改革，倡导"改进结果评价，强化过程评价，探索增值评价，健全综合评价，充分利用信息技术，提高教育评价的科学性、专业性、客观性"[①]。从教育评价功能的视角看，质量评价从单兵作战走向系统突围，从单一强调分数的评价观转向"全面和谐的质量观"。

第一节　学校评价的概述

一、学校评价的概念

（一）评价

《现代汉语词典》对"评价"的定义是"评定价值高低"[②]。在英语中，评价（evaluate）一词是从价值（value）一词而来的，在词源学上也是引出和阐发价值的意思[③]。美国教育评价学者 Worthen & Sanders（1987）认为，评价就是一件事项之价值的决定，就是评价者选择一个或多个评价标准，收集评价对象的有关资料，然后根据评价标准决定评价对象的价值，最后再根据评价结果督促受评对象改进其服务品质[④]。陈玉琨在《教育评价学》一书中认为，从

①　中共中央　国务院. 深化新时代教育评价改革总体方案［N］. 人民日报，2020-10-14（001）.

②　现代汉语词典［M］. 北京：商务印书馆. 2021：1009.

③　涂艳国. 教育评价［M］. 北京：高等教育出版社，2007：2.

④　WORTHEN B R，SANDERS J R. Educational evaluation：alternative approaches and practical guidelines［M］. New York：Longman，1987.

本质上来说，评价是一种价值判断的活动，是对客体满足主体需要程度的判断[①]。总的来说，评价是一种认识活动，是对价值进行判断的过程。

（二）教育评价

教育评价这一概念自提出以来，就一直处于不断变化发展之中，只是还没有统一的公认的科学定义。首次提出并正式使用教育评价这一概念的是泰勒，他认为教育评价是"检验教育思想和计划的过程"[②]。1981 年，美国教育评价标准联合委员会对教育评价进行了综合性的界定，认为"教育评价是对教育目标和它的优缺点与价值判断的系统调查，为教育决策提供依据的过程"[③]。金娣、王钢在《教育测量与评价》一书中认为，教育评价是指在系统地、科学地和全面地搜集、整理、处理和分析教育信息的基础上，对教育的价值作出判断的过程，目的在于促进教育改革，提高教育质量[④]。基于以上认识，本书倾向于陈玉琨的观点：教育评价就是根据一定的标准，在系统而科学地收集和运用信息的基础上，对教育活动发展变化的过程和结果进行价值判断的过程[⑤]。

（三）学校评价

教育评价相对评价而言，是个别与一般的关系，目的在于促进教育目标的实现，推动教育改革的实施，提高教育教学质量，推进教育管理的科学化。学校评价与教育评价是包含关系，学校评价包含在教育评价之中，是教育评价其中的一个分支。它是评价者依据一定的评价准则，以科学教育评价的理论和方法为手段，对学校的各项教育教学工作、管理水平、办学水平等进行的价值判断的过程，包括以政府为主导的外评和以学校自身为主导的自评两种形式，从而监督、诊断、指导学校办学，促进学校办学水平的不断提升。

现代学校评价在我国已有几十年的历史。改革开放后，教育走上正轨，教育督导评估工作也开展起来，并逐步系统化、规范化、科学化，这就是我国现代学校评价的开始。然而，尽管教育督导评估中含有对学校的评价，但并不是纯粹的学校评价，其重点在于对学校的检查、督促与指导，评价只是督导的依

---

① 陈玉琨. 教育评价学 [M]. 北京：人民教育出版社，1999：7.
② 泰勒. 变化中的教育评价概念 [M]. 汪世清等，译. 合肥：安徽教育出版社，1989：8.
③ 转引自辛涛，李雪燕. 教育评价理论与实践的新进展 [J]. 清华大学教育研究，2005（6）：38.
④ 金娣，王钢. 教育测量与评价 [M]. 北京：教育科学出版社，2007：2.
⑤ 陈玉琨. 教育评价学 [M]. 北京：人民教育出版社，1999：7.

据。同时，评价也不是系统的、全面的，而是根据督导任务和内容来确定评价内容。因此，我国真正意义上的纯粹的、系统的现代学校评价是从 20 世纪末才逐渐开始的。学校评价是学校管理和发展的有效手段，学校评价的历史是一部学校改革和发展的思想演变史。目前我国的学校评价是多元化评价，采用多元的主体、多元的评价方式对学校管理、教学等各方面的工作进行评价。

在国外，自 20 世纪 80 年代以来，人类社会正在进入全球一体化和以知识的创新与应用为重要特征的知识经济时代，社会变革和发展的速度不断加快，教育面临的冲击也越来越大。世界各国各地区为谋求自身更强的竞争力和可持续发展，兴起了一股教育改革的浪潮，以提高教育教学的质量和效能。在所有类别的教育改革中，学校改革当仁不让地成为教育改革的核心。人们相信只有当地方层级的学校行动起来时，教育的改进力量才会增强。

从全球学校变革的实质来看，不同国家或地区的学校变革，在回应社会变革的挑战时，主要有两个路径：一是从市场化、私营化和地方分权等策略入手，重视和鼓励学校与学生的个别表现和竞争，强调成本和结果；二是有些国家通过国家课程、考试能力标准、教师评价、学校评价等措施，加强对学校的"质量保障"。学校质量保障的潮流很快推广至美国、芬兰、挪威、澳大利亚等国家，并迅速影响至亚洲的一些地方，比如，中国香港在 1997 年发布的教育统筹委员会第七号报告书中就建议制定一个"内外相控学组，推行保障教育质量"的政策。在 20 世纪 80 年代，倡导民主协商，为改进工作而评价的第四代评价观的兴起，掀起了西方国家的评价改革运动，以美国、英国为首的一些发达国家开始摒弃那种注重鉴别和奖惩的教育评价制度，逐渐采用发展性教育评价。

二、学校评价的分类与步骤

（一）学校评价的分类

学校评价从不同的取向去解读不同的分类方式。例如，从评价管理者的属性来分，可以分为内部评价与外部评价；从评价的时间及功能来分，可以分为形成性评价与总结性评价；从评价的规模与范围来分，可以分为专项评价与全面评价；从评价研究的方法论来分，可以分为质性评价与量化评价；从受评价范围的特质来分，可以分为例行评价、追踪评价、专案评价；从执行方式来分，可以分为自我评价、同行评价、专家小组评价、观摩评价等；从决策者的属性来分，可以分为专家导向、参与导向、管理导向、消费者导向、问责导向等；从评价主体来分，可以分为第一方评价、第二方评价、第三方评价。评价形式的选择，有赖于所要解决的问题和可用的资源等客观条件，评价人员要加以厘清后再做选择。

（二）学校评价的步骤

学校评价是一个过程，包括五个基本步骤。第一，学校评价主体的选择。一般说来，参与学校评价的主要人员有管理专家、上一级教育行政人员、教育科研人员、学校内部人员等。评价人员来自学校内部还是学校外部，对评价结果的影响很大。第二，明确学校评价的目的。在评价开始时就要确定并阐明评价的目的，目的直接影响评价的方法与实施。第三，主观评价与客观评价的融合。在评价过程中，客观评价因易量化，且可重复测量，所以备受重视。然而学校中的某些变量是不能被准确测量的，因此，过度地强调评价的客观性，会忽视一些重要的学校变量。此外，学校的人力、物力与其所取得的成绩并不一定成正比。因此，为了更准确地把握学校特征，除了采用客观评价程序，还要使用一些主观评价程序。第四，学校评价的范围。学校评价范围的大小取决于评价的目标、学校的需要、可用的时间和经费。第五，评价结果的应用。评价结果的应用与评价目的相关，基于鉴定功能的评价更关注校际的比较，基于发展性的评价更关注学校的改进与发展，基于问责取向的评价更关注学校履职的实现程度。结果应用的不同对学校评价的影响也很大。

三、学校评价的功能与作用

（一）学校评价的功能

学校评价的功能是指学校评价活动本身所具有的能引起评价对象变化的功效和能力，学校评价具有多方面的功能。

1. 鉴定和选拔功能

学校评价对评价对象具有判定优劣、区分等级、排列名次、评选先进、资格审查等鉴定功能。鉴定功能是学校评价的基本功能，其他方面的功能都是通过鉴定功能实现的。学校评价的鉴定功能既能为领导决策提供参考依据，在教育教学发展中发挥积极的促进作用，也会给学生增加课业负担和心理负担，产生一定的消极影响。学校评价除了鉴定功能，还有重要的选拔功能。例如，通过评价，选拔出适合接受高一级教育的学生；通过评价，选拔出满足学校教育工作需求的教师；通过评价，选拔出一批示范性学校等。

2. 导向和调控功能

学校评价具有重要的导向功能，引导评价对象朝着目标努力。由于学校评价具有导向功能，管理者可以通过学校评价，引导被管理者朝着预期的方向努力。例如，为了促进学生的全面发展，教师可以在学生评价中加强对音、体、美、劳等方面发展的评价。

调节和控制是学校教育管理的重要职能，学校进行调节和控制所需的信息主要来自学校评价，学校评价对学校教育教学活动具有重要的调节和控制功能。一方面，可以通过评价对被评价者的行动目标和进程进行调节，对偏离总的预期目标的行为及时进行反馈调整，实现对评价对象的控制。另一方面，通过学校评价，被评价者可以更好地认识自己的长短、得失，明确进一步努力的方向及改进措施，以实现自我调节。

3. 检查、诊断和督促功能

学校评价的检查功能在实践中有广泛的表现，主要体现在对评价对象的现状作出基本判断，对评价对象的实际状况与评价标准或预定目标的符合程度进行衡量与判断，以确定其是否实现目标，以及实现目标的程度。学校评价通过检查评价对象的表现，可以发现评价对象存在的问题，进而诊断问题的原因。在科学的学校评价中，评价者利用观察、问卷、测验等手段，搜集被评价者的有关资料并进行分析，根据评价标准作出价值判断，诊断出教育活动中哪些方面或环节做得好，应加以保持和提高；同时可以指出哪些方面存在问题，找出原因，再针对这些原因提出改进途径和措施。学校评价的过程就如同看病就医，通过科学的学校评价找出问题，对症下药，有效解决学校教育活动中存在的问题。学校评价的督促功能体现在找出评价对象与目标的差距，使其明确进一步努力的方向和途径，督促评价对象朝着评价目标前进。

4. 激励功能

学校评价能够激发和维持评价对象的内在动力，调动被评价者的内部潜力，提高其在教育活动中的积极性、主动性和创造性，从而达到教育管理的目的。学校评价的激励功能是分等鉴定的必然结果，对评价对象来说，学校评价能起到积极的刺激和有力的推动作用。在一般情况下，评价对象都有获得较高评价和实现自身价值的愿望。适当的评价能给人心理上的满足感，激励人们不断进取。对于先进的单位和个人来说，评价的结果是对自己过去成绩的肯定与表扬，会对成功的经验起强化作用，使被评价者更加努力、更加主动，以保持或取得更大的成绩；对于落后者则是一种有力的鞭策，激励他们不断改进。

（二）学校评价的作用

学校评价的功能与作用具有密切的联系，也有明显的区别。功能是事物内在的一种属性，是事物与外在环境之间交互作用的过程中，由内在结构表现出来的一种对外影响力。作用是事物对外在环境的现实影响，主要强调的是一种事物对另一种事物的影响。学校评价具有多方面作用。

1. 保证教育方针的全面贯彻

教育方针是我国教育政策的最高表现形式，是在一定历史阶段党和国家对教育事业发展的总的方向性规定。教育方针要真正发挥作用，必须得到全面地贯彻实施。党的十七大为我国新时期的教育发展确立了新的教育方针："坚持育人为本、德育为先，实施素质教育，提高教育现代化水平，培养德智体美全面发展的社会主义建设者和接班人，办好人民满意的教育。"[①] 这为我国新时期的教育发展做了方向性的规定，需要通过具体的教育及教育管理活动加以贯彻实施。影响教育方针贯彻实施的因素有很多，其中，学校评价是重要的影响因素。学校评价是确保教育方针全面贯彻的重要力量。这主要体现在：第一，学校评价在指标及其权重、标准等方面体现教育方针；第二，学校评价在进行评定，也就是对评价对象进行合格与否、优劣、是非等价值判断时，可以以教育方针的精神、理念作为依据和准绳；第三，在依据教育评定结论进行调整性决策时，可以依据教育方针提供的方向和目标。

2. 激发学校的自生长力

在教学过程中，教师的首要任务是激发学生的学习动力，保持学习过程中的积极性、主动性和创造性。学校管理的重要目标是挖掘校长和教师的工作潜

---

① 胡锦涛. 高举中国特色社会主义伟大旗帜，为夺取全面建设小康社会新胜利而奋斗——在中国共产党第十七次全国代表大会上的报告［R/OL］. 北京：中国共产党第十七次全国代表大会，（2007－10－24）［2025－04－16］. http://www.gov.cn.

能，激发他们的工作积极性、主动性和创造性。要发挥校长、教师和学生的主体性，学校评价是重要的手段。作为学校管理中的"指挥棒"，学校评价可以形成一种正的强化力量，满足被评价者特定的心理需求，激发其内在动力，挖掘其潜能，增进其教育活动的积极性、主动性和创造性，从而激励被评价者在学校教育实践中不断进取。

3. 促进教师的专业发展

当前，校长专业化、教师专业化已经成为时代的迫切要求，成为相关主体的行动选择。学校评价既是一种管理手段，也是一种教育手段，可以有效地促进被评价者，也就是校长和教师专业素质的提高。校长和教师的专业发展，既需要自己在实践中不断加强理论学习、实践探索和积极反思，也需要借助外部力量提供方向和动力。现代学校评价特别强调发展性，在价值取向上不是"为了证明"，而是"为了发展"，也就是定位于通过评价促进被评价者更好地发展。学校评价既可以作为教育手段，为校长和教师的专业成长提供方向和目标；也可以作为管理手段，为校长和教师的专业发展提供动力。

第二节　"新"小学学校的外部评价

一、"新"小学学校外部评价的概念

（一）基本内涵

外部评价作为教育评价的类型之一是指对被评价者以外的评价主体所实施的评价。外部评价也叫"他人评价"，比如，社会评价、领导评价、同行评价、行政评价、学生评价等。外部评价有以下特点：第一，客观性强。用他人的角度审视同一事物可以避免个体的主观片面性。第二，真实性强。外部评价使用同一标准对学校进行评价，评价的结果相对真实，能够避免个体评价过高或过低的情况。第三，程序严格。外部评价的人员是经过选择并培训后方可对学校实施评价的，在评价的过程中严格执行评价的程序，收集资料做出判断。但是，外部评价在组织实施评价的过程中所耗费的人力与财力都比较多，因而不宜频繁进行。对于规模比较大的评价活动，通常的做法是让评价对象先进行自

我评价，而后进行适当规模的他人评价。这样可以综合发挥两类评价各自的优势，最大限度地弥补二者的不足，尽可能达到理想的效果。

斯克瑞文（Scriven）认为，外部评价是由那些计划或项目之外的成员组织的评价活动。苏锦丽认为，外部评价是基于外在认证或认可的要求下由教育机构之外的团体或小组（包括政府、督导、同僚、毕业生雇主等）来执行的评价活动，通常以符合绩效责任为其主要目的。内伏（Nevo）认为，外部评价是由学校外部教育权力机构（如国家或区域的视导人员或督学）所组成的检视小组（review panels）通过访谈、问卷、观察及档案分析等方法对学校进行系统的评价。赵志扬则认为，外部评价是指评价者来自学校组织之外，由学校之外的专家对学校进行评价工作，外部评价的总结性评价性质较浓，外部评价所获得的结果往往作为整体学校效能或表现的总结。学校外部评价是指由学校外部成员组织的，以了解学校办学品质和绩效责任为主要目的的评价活动。此概念包括以下内容：第一，学校外部评价的主体主要由学校外部人员组成，一般包括对教育管理具有监督权者（专业的评价机构）、对办学具有宏观决策者（教育行政部门），还包括对学校教育实施的指导者（教育研究机构），以及同行评价者（校长）。第二，学校外部评价的主要目的是全面了解学校的办学情况，以指导学校的发展。第三，学校外部评价的内容主要包括学校管理评价、学校教学质量评价、学校设施环境评价等方面。此概念强调了外部评价的鉴定功能，是一种自上而下的评价。

综合以上观点，本书认为，学校外部评价的主体是学校外部成员，一般由对教育具有监督管理职能的部门或者是政府委托的专业机构的人员构成；学校外部评价的目的是为学校提供一份学校教育的质量标准，让学校知道哪些方面做得好，哪些方面需要改进；学校外部评价的内容一般依据教育发展目标设定，如学校管理评价、学校教学质量评价、学校办学条件评价等内容，不同国家、不同地区的学校外部评价内容不尽相同。

（二）学校外部评价的类型

新时代背景下的小学学校外部评价不限于教育行政部门对学校做出评价，更多地听取了来自社会、学校内部的看法和意见。

第一，政府部门对小学学校外部的评价。根据教育部等六部门印发的《义务教育质量评价指南》可知，政府部门对小学学校进行外部评价时有明确的评价指标和完整的评价体系，包括办学方向、课程教学、教师发展、学校管理、学生发展五方面重点内容。关于政府部门外部评价的具体实施主体上，由教育督导部门、教育主管部门和政府聘请的知名专家等对小学学校定期或不定期进行外部评价；同时，将评价的过程向社会公开，让更多的社会相关人士和专家关注到小学学校的发展。

第二，社会群体对小学学校外部评价，是指独立于政府部门和校园之外的其他利益相关者组成的群体或机构对校园的教育教学等方面所做出的评价，又称为第三方评价。这些社会群体或机构对小学学校发展至关重要，事关一所学校的名誉。社会群体对小学做出的外部评价有很大的随意性和不确定性，一般为社会大众浏览社交媒体、微信公众号、社会报道中学校相关信息时，对学校形成的非正式的评价。

第三，学生家长对小学学校的外部评价更多来自对孩子接受学校教育的教育期望，也来源于身边的家长对小学的评价。学生家长对孩子的教育期望有所不同，但在社会竞争压力增大的情况下，大部分家长把孩子的学习成绩放在第一位，孩子的学业成绩表现决定学生家长对小学的外部评价。家校协同育人是当前小学学校发展的重点，许多小学都开展了家校合作活动，家校合作也是学生家长对学校进行评价的重要渠道。

二、"新"小学学校外部评价发展趋势

（一）克服"重智育，轻德育"倾向

2018年9月10日，习近平总书记在全国教育大会上强调，要深化教育体制改革，健全立德树人落实机制，扭转不科学的教育评价导向，坚决克服唯分数、唯升学、唯文凭、唯论文、唯帽子的顽瘴痼疾，从根本上解决教育评价指挥棒问题[①]。过于重视评价的选拔和鉴别功能忽视教育评价的本质，严重地扰乱良好的教育生态秩序。部分小学学校外部评价中存在着"重智育，轻德育"的现象，学校过分重视小学生的学习成绩，忽视学生的全面发展，尤其是对学生的德行和劳动的教育。有学者认为"重智育，轻德育"的问题在于学校评价过于功利化和片面化，简单地将学生分数的高低等同于学校教育质量的优劣，导致学校管理者认为学生成绩好就是学校好，以此来获得学校声誉，争取更多的教学资源。要想克服"重智育，轻德育"倾向，坚持把立德树人成效作为根

---

① 吴晶，胡浩. 习近平在全国教育大会上强调 坚持中国特色社会主义教育发展道路 培养德智体美劳全面发展的社会主义建设者和接班人 [J]. 人民教育，2018（18）：6-9.

本标准，必须回到教育的本质，发挥好评价的多种功能，落实立德树人的根本任务，把学生培养成全面发展的人。

（二）将学校特色纳入评价体系

2021年3月4日，教育部等六部门印发《义务教育质量评价指南》，提出要注重差异性和多样性，关注每一所学校和每一名学生，促进学校特色发展和学生个性发展。然而，传统教育质量评价主要是学校外部评价，这种评价方式有统一的评价标准，外部评价参照这个统一标准，对所有学校进行评价。这个评价方式的一个重要缺陷是过分强调标准化和统一性，不利于学校的自主性发展。诚然，如果所有学校按照这个评价标准去发展，那么结果将会是忽视学校的个性发展，也不利于学生个性培养。为此，一方面，在教育改革中提出要逐渐将教育权力下放到学校，让学校有自主发展的权利，并建立规范的绩效问责制度来督促学校的发展；另一方面，在教育行政督学中明确提出对学校开展经常性督导，引导学校办出特色、办出水平，促进学生德智体美劳全面发展。

（三）注重多元评价方式的运用

改进结果评价，强化过程评价，实行多元评价方式，是当下教育改革的重点。在结果评价上，更加重视学校办学质量上的问题。从过程评价中看到学校发展过程中的不足，帮助学校管理者及时意识到学校管理中的缺陷。从过程到结果，既是事物发展的规律，也是学校发展的规律。过程性评价与结果性评价相结合有利于形成完整的外部学校评价体系。同时，随着信息技术的发展，其越来越多地运用于学校教育评价中。大数据时代，对数据的收集与分析能够更科学清晰地找出学校外部评价中的问题和原因，且可以得到比较准确的评价结果。

注重内部与外部评价相结合，所谓"当局者迷，旁观者清"，学校的外部评价者能够更加理性地去看待学校发展的过程，不容易受到主观情感的影响。然而单纯的外部评价不利于理解学校的建设和管理，不能很好地理解教师和学生对学校发展的真实诉求。学校外部评价与内部评价相结合，是国内外中小学学校教育评价改革的趋势。

综上所述，新时代以来，学校外部评价朝着更加科学合理的方向发展。在评价改革中，国家多次发布了各项政策文件，以期促进学校教育的高质量发展。首先，纠正了长期以来错误的评价导向，注重学生和教师的全面发展，发挥评价的增值功能。其次，强调立德树人，将"德"放在了评价的第一位，不再用一把尺子来衡量学校发展，关注学校发展特色与学生全面发展。最后，多重运用评价方式，使得评价结果更客观、公正。

（四）引入第三方评价

2013年，中共十八届三中全会发布的《中共中央关于全面深化改革的重大问题的决定》提出"委托社会组织开展教育评估检测"①；2015年，教育部发布的《关于深入推进教育管办评分离促进政府职能转变的若干意见》提出构建"政府管教育、学校办教育、社会评教育"的教育发展格局②；2020年，中共中央、国务院印发《深化新时代教育评价改革总体方案》，要求加强专业化建设，"构建政府、学校、社会等多元参与的评价体系，建立健全教育督导部门统一负责的教育评估监测机制，发挥专业机构和社会组织作用"③，再一次从政策上奠定了教育评价的基调，积极引入第三方评价，促进教育评价改革。

（五）家长参与评价

随着家校共育、家校社协同的育人理念不断深入人心，家长更多地参与到学校外部评价体系之中。2020年10月，中共中央、国务院印发了《深化新时代教育评价改革总体方案》，这是指导新时代教育评价系统改革的纲领性文件，为学校教育评价改革指明了方向。坚持立德树人，坚持为党和国家培养未来的社会主义建设者和接班人，是教育发展的根本方向。义务教育阶段是塑造每个学生优异发展的重要阶段，尤其是小学教育阶段，是培养学生的德、智、体、美、劳全面发展的基础阶段。家长是学生的第一任教师，参与学校教育的全过程具有其必要性，对促进学生的全面发展具有重要意义。

---

① 中共十八届三中全会. 中共中央关于全面深化改革的重大问题的决定［EB/OL］. （2013-11-15）［2024-10-05］. http://www.gov.cn/zhengce/2013-11/15/content_5407874.htm.

② 中华人民共和国教育部. 关于深入推进教育管办评分离促进政府职能转变的若干意见［EB/OL］. （2015-05-08）［2024-10-05］. http://www.gov.cn/xinwen/2015/05/08/content_2859141.htm.

③ 中共中央、国务院印发《深化新时代教育评价改革总体方案》［EB/OL］. （2020-10-13）［2024-09-11］. http://www.gov.cn/zhengce/2020-10/13/content_5551032.html.

三、"新"小学学校第三方评价

(一) 内涵界定

第三方是指处于第一方(被评对象)和第二方(服务对象)之外的一方[①]。第三方的特点在于与"第一方"和"第二方"既没有行政上的隶属关系,也没有经济上的利害影响。第三方评价具有专业性、独立性、权威性、公平性[②],它还具有评估鉴定、咨询服务、科学研究、监督导向四大功能[③]。现在各地已经创新出的第三方评价模式主要有高校专家评价模式、专业公司评价模式、社会代表评价模式和民众参与评价模式四种[④]。

最早的第三方评价可以追溯到 15 世纪的欧洲。在当时,第三方评价并非用于教育评估,而是为了保证产品的质量而提出和实施的。后来,第三方评价又被广泛运用到其他领域,比如,医药行业、政府绩效评估、教育评价等[⑤]。国外关于教育领域第三方评估的研究主要集中于美国、日本、英国、德国、法国。美国自 20 世纪 70 年代就已经开始致力于教育领域的第三方评价机制构建,鼓励社会中介机构广泛参与教育评价,并且逐步形成了相对完善的教育评价合同制度。第三方评价机制在美国义务教育评价方面发挥着重要作用,已经成为辅助美国义务教育决策的重要支撑[⑥]。日本从 1991 年教育法规部发动两次改革以来,其教育评价也已经实现了从自我评价向第三方评价的转换[⑦]。

第三方评价的概念大约在 2000 年被引入我国[⑧]。目前我国的第三方教育评价研究主要集中在高等教育和职业教育领域,基础教育领域引入"第三方评

① 徐双敏. 政府绩效管理中的"第三方评估"模式及其完善 [J]. 中国行政管理,2011 (1): 28.

② 王伟铭. 关于建构基础教育第三方评价机制的思考 [J]. 教育文汇,2015 (9): 21.

③ 漆玲玲. 我国高等教育质量第三方评估模式研究 [D]. 武汉: 武汉大学,2011.

④ 徐双敏. 政府绩效管理中的"第三方评估"模式及其完善 [J]. 中国行政管理,2011 (1): 29.

⑤ 冯虹,刘国飞. 第三方教育评价及其实施策略 [J]. 教育科学研究,2016 (3): 44-45.

⑥ STUFFLEBEM D L. Lessons in contracting for evaluations [J]. American journal of evaluation,2000 (21): 191.

⑦ 有本章. 变化中的日本学术评价体系: 从自我评价向第三方评价的转换 [J]. 国家教育行政学院学报,2006 (12): 86.

⑧ FULLAN M. The new meaning of educational change [M]. 3rd ed. New York: Teachers College Press,2001: 88.

价"是一个新生事物。2013 年初教育部发布的《关于推进中小学教育质量综合评价改革的意见》提出，要逐步建立政府主导、社会组织和专业机构等共同参与的外部评价机制，为基础教育阶段的教育评价引入"第三方"提供了重要的政策依据。2022 年 2 月 5 日，教育部基础教育司负责人介绍，将委托有资质、信誉度高的第三方机构开展学校落实"双减"工作的独立调查。储朝晖教授也认为，依托第三方开展独立调查、进行跟踪评价，能够客观反映各地的落实情况，及时发现问题，总结推进教育工作。

（二）"新"小学学校第三方评价的价值意蕴

"新"小学学校第三方评价相比于同行、教育行政部门的内部评价，具有自身的独特价值。正是由于第三方评价自身的价值，其能够更好地提升学校水平、促进教学高质量发展、促进教师专业发展。其价值主要表现为以下几个方面。

1. 有效补充现有的学校评价体系

第三方评价能够更好地监督学校的教学质量，从外部不断地督促学校提高教学质量。同时第三方评价模式的实施，有效地推动了传统教学质量评价模式的转变，从内部监督到外部监督建立了一种具有较高稳定性的学校评价体系。第一方评价主要是学校自身对学校发展与管理的反思和改进。第二方评价是指学生、家长、督导、校领导、同行的内部评价，会对学校工作产生重要的导向作用。第三方评价主要是对质量和效果的评价，其评价结果一方面针对学校具体问题提出专业的改进意见，提升学校办学水平，促进学校高质量发展；另一方面能够为学校的管理提供依据。在学校评价中引入第三方评价是诊断性评价、形成性评价和总结性评价的统一，使得现有的课堂评价体系更加完善。

2. 规范学校评价标准

学校评价是一个极其复杂的现象，其中有较为分明的、能比较精确加以量化的因素，也有难以准确量化的因素。因此，学校进行综合评价要有科学、客观的教学评价指标体系。第三方评价的评价人员具有专业的评价知识，能够紧扣评价统一的要求，结合学校实际情况，制定符合学校高质量发展的、科学的、客观的评价指标。目前学校的评价标准不规范，也没有进行科学论证，大多数学校评价都是学校领导班子根据国家政策文件进行制定。

3. 解决当前教育部门、学校既管又评存在的问题

开展教师课堂教学第三方评价，能有效避免学校和教育行政部门既当"运动员"又当"裁判员"双重身份带来的倾向性弊端，确保第三方评价组织在独立调查中能听到"真声音"，发现"真问题"。第三方评价具有专业性、独立性、公正性，在进行评价时只有保持公正、客观的态度，才能不受被评对象的干扰，才能科学研判、实事求是地评价学校的真实情况，才能在发现问题、剖析原因和得出结论等方面作出实事求是的回答，从而促进教学高质量发展。

4. 提高了评价结果的信度与效度

评价活动是一种复杂的、专业性极强的活动，不仅需要先进的评价理念，还需要专业的评价理论的支持，更需要技术过硬的专业人员的参与[1]，而这些恰恰是内部评价和学校自评所不具备的。以高校专业为主要评价主体的第三方评价人员，不仅有着高深的知识背景和研究能力，熟悉教育教学的规律，能够科学合理地运用相关的教育评价理论和方法，确保整个评价过程的稳定性、评价结果的有效性，提高了评价的信度和效度[2]。从某种意义上来说，第三方评价的引入，在一定程度上消除了以往评价过程所产生的消极影响：学校自评不易进行横向比较，主观性较强；督导评价可能受限于精力和时间，评价不够细致和具体；同行、家长评价可能比较讲究情面和人际关系，不会做出实事求是的评价；学生评价，其缺少必要的评价理论和技能，容易产生沉锚效应和晕轮效应[3]。

（三）"新"小学学校第三方评价的突破路径

1. 转变传统学校评价观念

政府、学校和社会需要对教师课堂教学评价的思想和理念进行更新和重塑。教育评价理念的发展表现在多元化的评价主体、多元价值取向、多元利益等方面。学校评价是教育评价的重要组成部分，其中引入第三方评价，呈现多元化主体，淡化学校评价中的管理取向，注重对学校质量进行分析和诊断，为

---

[1] 冯虹，刘国飞. 第三方教育评价及其实施策略 [J]. 教育科学研究，2016（3）：44.

[2] 靳玉乐，李阳莉. 在中小学综合素质评价中引入第三方评价的探讨 [J]. 当代教育科学，2014（8）：14.

[3] 王斌华. 教师评价：绩效管理与专业发展 [M]. 上海：上海教育出版社，2005：294.

学校发展提供反馈信息，促进学校高质量发展。在以往的教育评价中，某些长期存在的问题一直难以得到有效解决，例如，评估工作中常常碍于评价者的职务等级和与被评对象有关的人员情面，造成"一家人不说两家话"的局面，而这种情况久而久之又形成了一种心照不宣的契约。因此，为了适应新的教育评价改革趋势和潮流，有必要对教育行政部门、学校以及整个社会进行课堂教学评价思想和理念的更新和转变。

2. 完善第三方评价体系

（1）确定明确的评价目的。

评价主体与学校、教育部门充分沟通，明确评价的目的。鉴于时间和资源的局限，单次评价难以全面地反映学校的办学质量。因此，只有明确该次评价的主要目的及目标的重要性排序，才能选取最适宜的评价方法。

（2）选择专业的评价主体。

第三方评价的评价主体与评价对象之间既没有行政隶属关系，也没有直接利益关联（本书所研究的是第三方评价的高校专家模式）。在评价小组成员的组织中，学校可以委托第三方自己组织评价人员，避免第三方评价受到校长主观意识的影响，评价人员需要保障评价小组的成员研究多元化，在评价中也能从多角度对学校高质量发展提供可行性意见。

（3）制定弹性的评价标准。

针对不同的评价目的和评价对象，需要灵活调整评价标准。在评价前的准备时期，评价小组成员与学校、教育部门充分沟通和交流，在原有的学校评价的基础上，制定分学科、弹性化、专业的学校评价标准。

（4）呈现客观的评价结果。

首先，第三方评价小组就项目分及总分与校长和教育部门进行沟通，讨论有疑义的评分。其次，在第三方评价小组和校内成员基本达成一致后，第三方评价的小组成员就评价中发现的学校发展的不足提出针对性的改进建议。最后，第三方评价小组和该校校长及相关教师再次沟通，探讨建议的可行性，并最终形成评价报告。

四、"新"小学家长评价

（一）"新"小学家长参与学校外部评价的意义

1. 改进学校管理工作

著名评价专家斯塔弗尔比姆曾说过："评价最重要的意图不是为了证明，而是为了改进。"[①] 所以学校外部评价本身不是目的，改进学校的教育教学、提高学校教育质量才是评价的目的。传统的学校外部评价看重评价的结果，由教育部门对学校进行考察，进而决定该学年学校教育的质量，强调评价的鉴定、选拔和奖惩功能，而忽视了评价的激励和改进作用。与传统的学校外部评价相比，新时代背景下的学校外部评价更加重视评价的增值功能，即在原有学校教育水平的基础上，以外部评价的方式实现学校教育质量上的增值。这一增值过程是通过客观的外部评价发现学校教育管理的不足，找出学校教育不足的原因进行分析和诊断，讨论出解决学校教育工作不足的方法，改进学校管理工作。同时，学生家长参与小学学校的外部评价，能够为学校的管理工作提供建议、反馈相关工作意见，学校能够及时沟通，缓解家校矛盾，使其在家校沟通等工作中更加顺利。

2. 给予学校发展动力

新时代背景下的学校外部评价是一种发展性的评价，注重发挥评价的激励功能，促进学校的发展。学校外部评价的开展会给学校带来一定压力，但如果采取的外部评价方式适当，这些外部评价压力则会转化为促进学校发展的动力。如政府部门对小学进行外部评价，所获得的评价结果一方面体现了学校教育工作的不足；另一方面则代表了对学校教育工作的肯定，给予学校继续发展的动力。而社会群体对小学采取的非正式的外部评价，是学校获得良好教育口碑的重要支持。家长是学校教育的重要支持者，家长对学校教育进行评价是社会群体对学校教育质量肯定的重要衡量标准。因此，与其说外部评价给学校教育工作带来压力，不如说来自家长外部的评价更是学校能够持续发展的动力。

---

① 斯塔弗尔比姆. CIPP 评价模型：读本 [M]. 北京：教育科学出版社，2007：65.

3. 推动家庭学校共育

学生家长参与学校的外部评价工作，参与学校工作计划和教学管理决策，监督学校教学活动，提出意见和建议，有利于其理解学校的教育教学工作，落实家校共育机制。家长对教师教学的评价，能够及时地了解孩子的学习动向，以及学科教师的教学计划等，协同科任教师辅助孩子的学习。在班主任工作考核中，家长理解班主任工作，有助于配合班主任的日常管理工作，深化学校与学生家庭之间的联系。家长更多地参与学校管理工作，能有效地激发学生家长参与学习教育孩子方法的积极性，提高对学校教育工作的理解和认同；同时，让学校教育工作获得社会更广泛的支持，促进形成家校合作共同教育的局面。

4. 促进学生全面发展

以往的小学外部评价中存在着"重智育，轻德育"的现象，评价过分重视小学生的学习成绩，忽视学生的全面发展，尤其是对学生的德行和劳动的教育。在小学的外部评价中，很多家长以学生的学习成绩来判定教师的教学质量，导致教师轻视学生素质的培养。《义务教育质量评价指南》提出要注重学生差异性和多样性，关注每一名学生，促进学生全面发展和学生个性发展。同时，新时代背景下的外部评价强调立德树人，将"德"放在了学生评价的第一位，坚持把立德树人成效作为根本标准，回到教育"以人为本"的本质，把学生培养成全面发展的人。

（二）"新"小学家长参与学校外部评价的策略

1. 加强指导，树立正确评价观念

教育评价改革就是一个系统，要求不同的主体在其中要协同发力。做好教育评价改革工作，需要党委政府、社会、学校、家庭等各方主体相互协调、整合教育评价改革力量和资源，形成党组织领导下的校长负责制，构建教育评价改革长效机制，营造党委政府、学校、教师、学生、用人单位上下贯通和内外结合的氛围，打造教育评价改革系统工程。但是，学校、家长、教师方面的评价观念还没有完全转变，导致在对学校进行评价时不能形成合力。教育"双减"政策的发布，是对"唯分数论"观念的进一步改进，扭转不科学的教育观念，减轻学生的学业负担。因此，要改变"唯分数"的评价观念，最重要的是促进家长教育观念的转变，引导家长重视孩子的全面发展与个性发展。

为做好家长工作，天府一小构建了"雅正"课程体系之家长课程。家长通过"家长发展学校"提升育儿素养，获取育儿方法。学校主动开展家庭教育、"八点半课堂"、名师工作室系列活动，定时在公众号上发送家长邀请函，邀请家长和教师聊学校、孩子、教师等，建立学校和家长之间的信任。学校开展良好的家校共育活动，让家长参与到学校育人的全过程，认识到育人观念的重要性，从而形成科学的评价观念。办人民满意的教育，首先要树立好家长及社会正确的人才观，形成教育合力。纠正不科学的评价观念，使小学学校外部评价各个主体形成评价共识，促进学校的高质量发展。

2. 平等对话，共商评价建议

学校外部评价从监督走向协商对话，不仅体现出评价主体与评价对象地位的平等，还可以消除学校在应对外部评价时的紧张感和压迫感。对话式的外部评价是在客观平等的立场对学校进行评价，目的在于帮助学校找出问题，并提出相应的改进建议。通过评价专家与学校领导、教师、学生和家长的多向对话，更加真实地了解学校发展中具备的优势与存在的问题；同时，对话更容易使评价者和受访者在交流的过程中碰撞出新的问题，沿着问题不断深入，逐步找出解决问题的重要方案。在对话式评价过程中，学校不只是得到评价的结果，更重要的是对学校发展中存在的问题有清晰的认知，知道哪些方面存在不足和不足的原因，为今后如何进行改进指明方向。这种评价态度有利于调动学校内在的积极性和主动性，使外部评价成为学校自身发展的需要和动力。

正是抱着这种协商对话的态度，天府一小迎来了发展的重要机遇，在政策规定和家长的呼吁、期待中，探索出了新的课后服务模式。评价不是为了结果，而是为了找出问题并解决问题，因此，评价者与被评价者之间应该是平等的，抱着解决问题的态度一起解决学校发展中的问题。

3. 鼓励参与，拓宽外部评价渠道

在学校外部评价中，应当多鼓励家长主动对学校的课堂、课程设置、作业设计与安排等方面进行评价，使学校评价成为学校、教师、家长、学生多个主体共同积极参与的交互活动。学生家长作为学校教育活动的特殊参与者，相对于其他外部评价主体来说，对学校的教育教学工作更加熟悉和关心。同时，让家长参与学校的外部评价，也能利用好学生家长这一教育资源，实现"评价主体多元化"。因此，应当树立家长参与学校评价的理念，畅通家长参与评价的渠道，激发家长参与学校评价的热情，共同努力为学生提供优质的学习场域。

新时代背景下，小学学校教育面临新的挑战，尤其是教育"双减"政策对小学的教学质量和课后的作业管理能力有了新的要求。为此，在对小学学校进行外部评价时应考虑新时代背景下赋予小学学校教育的新使命，对小学学校的发展进行全面、客观、科学的评价。让家长成为学校外部评价主体之一，是家、校、社协同共育下的必然要求，但目前并不是所有的家长都具备参与学校评价的能力，因此，需要继续努力，建立健全家长参与学校评价机制，最终促进学校教育质量的提升，为学生提供更优质的教育。

第三节　"新"小学学校的内部评价

一、"新"小学学校内部评价的概念

学校内部评价包含于学校评价，是以学校为主体，在学校层面充分发挥学校及学校内部组成元素作为评价主体的作用，通过对教师、学生、教育教学管理、班级文化、校园文化进行评价，促进学校发展的一种动态活动。本节主要是以学校的教师和学生评价为研究的切入点，并根据天府一小的实践为载体进行探究。

根据学校内部评价的主体不同，可以将评价分为教师评价、学生评价。教师评价是指学校在一定条件下为促进教师发展而采取的评价，从而实现学校的发展目标。教师评价一般可分为奖惩性评价和发展性评价，其中，发展性评价是以促进教师终身发展为目的，整个评价的过程和谐友好。在新时代的背景之下，学校越来越重视对教师进行发展性评价。学生评价是指评价者根据一定的价值标准，通过提问、练习、试卷、活动等手段和方法收集学生的信息，并作出价值判断，促进学生发展的过程。新时代背景之下，学生的综合素质评价是学生评价的重要方式。综合素质评价是对学生的学习能力、学业水平和非学业水平能力的综合评价。

二、"新"小学的学生评价

2020年10月，中共中央、国务院印发的《深化新时代教育评价改革总体方案》提出："坚持科学有效，改进结果评价，强化过程评价，探索增值评价，

性。"① 国家在中央文件中明确提出"增值评价",这指明了未来教育评价的变革趋势,也提出了一种新的评价方式。《义务教育课程方案(2022年版)》指出:"创新评价方式方法。注重对学生过程的观察、记录与分析,倡导基于证据的评价。关注学生真实发生的进步,积极探索增值评价。"②

增值性学生评价强调以学生的进步或增值为评价的客观依据,相比于传统以成绩为唯一标准,关注每一位学生的进步,其更能体现教育评价的公平性。避免过度关注优等生,促进评价者对后进生的转换和先天优势不足者的发展的关注。此外,增值性学生评价顺应素养导向,推进落实立德树人的任务。它以人的全面发展理论为基础,将每位学生增值的幅度作为学生进步与否的标准,更加注重学生评价的过程性、动态性、延展性。增值性学生评价尊重学生的个体差异性,有利于学生在集体中的发展,增强学生进步的信心和学习的动力,发展其核心素养。对于教师来说,增值性学生评价有利于教师提升其教学能力,在教学中更加灵活地因材施教。对于教育管理层面,增值性学生评价的结果有助于及时改进教育政策和管理方式,优化分配资源投入,促进教育资源均衡化和教育发展公平。

(一)增值性学生评价的内涵与特征

1. 增值性评价的相关概念

增值原本是经济学的一个概念,指在进行投资时资产或商品的价值增加,后被美国学者率先引入教育评价中,20世纪70年代开始发展起来,被应用于学校效能的研究和讨论,称为增值评价(Value-Added Assessment,也被称为增值性评价)。目前,学界对增值评价还没有一个统一的概念界定,大体上可以分为两类观点。第一类观点倾向于关注学生在学业成绩上的"增值"或"静效应"。这类观点认为,增值评价是指通过获取学生在两个及其以上时间段的学业成绩数据,剔除学生性别、家庭背景等因素和教师学历、班级规模、班级条件等短时间无法改变的外部因素对学生成绩的影响,利用合适的统计方法或分析模型对学生在前后不同时间点上的成绩进行分析,最终得到学生学习成绩变化的"净效应",以衡量学生的进步程度的一种评价方式。第二类观点则

---

① 中共中央 国务院. 深化新时代教育评价改革总体方案 [N]. 人民日报,2020-10-14(001).
② 义务教育课程方案(2022年版)[J]. 基础教育课程,2022(9):72-80.

是倾向评价对象的全面的"增值"，对智力、社会、情感上的"增值"或"净效应"。托马斯（Thomas）指出，增值评价是一个较全面的增值评价架构，可能也包含了学校的使命、学生学习的过程和学生的学习成绩等多方面的评价。也就是说，除了学生的学业成绩，其他的因素也可以纳入总体的考核，测出学生、教师或学校的效能。

2. 学生评价的概念

学生评价既是进行教育评价的基础和重点，也是学校教育评价的核心。张敏认为，学生评价是以学生为评价对象，评价者依据一定的标准，运用现代教育评价的一系列方法和技术，对学生的思想品德、学业成就、个性发展、情感态度、体质体能的发展过程和状况实施判断与价值判断的活动。陈玉琨提出，学生评价是对学生个体学习的进展和变化的评价。它包括对学生学业成绩的评定、学生思想品德、个性的评价等方面。金娣、王刚提出，学生评价是在系统地、科学地和全面地搜集、整理、处理和分析学生信息的基础上，对学生发展和变化的价值做出判断的过程，目的在于促进教育与教学改革，使学生全面发展。学生评价包括学业成绩的评定、思想品德和行为规范的评价、体格和体能的评定、学生态度、兴趣和个性心理特征的评价等多个方面。金娣、王刚提出的学生评价的定义较为全面，与"全面说"的增值性评价涵盖的内容契合。因此，本书的学生评价采用这一概念。

3. 增值性学生评价的概念

新时代要坚持育人为本，促进学生德智体美劳全面发展。增值性学生评价重视学生全面发展的"增值"或"净效应"，不仅可以用于评价学业成绩，还可以用于评价道德品质、健康素养、审美素养、劳动素养等。增值性学生评价将学生最初的学习与发展基础和学生在一段时间内学习与发展的"增加值"加以分析，强化学生接受教育后增长值的"净效应"，分离出家庭、学校、教师等因素对学生成长进步带来的一些干扰，激励学生"不比背景比努力、不比起点比发展"。增值性学生评价不以结果为唯一评价指标，尊重学生的个体差异性，强调每一位学生的进步或增值，不仅增加了学生的自我效能感，更能体现教育的公平性，其存在合理且有必要。

4. 增值性学生评价的特征

根据评价的作用来看，增值性学生评价是一种发展性评价，以一种发展的眼光看待评价对象。它关注评价对象的起点和发展过程，而不是某一次的诊断结果，是一种科学的评价方式，对改善教育教学有着重大意义。增值性学生评价具有以下特征：

（1）公平性。

美国教育评价专家本杰明·布鲁姆说："衡量学校好坏的唯一标准是学生在原有基础上进步的幅度。"增值性学生评价相较于传统的评价方式是一种更为公平的评价，传统的评价方式没有考虑学生的差异性，以同样的标准评判每一位学生。而增值性学生评价的亮点在于它重新定义每一位学生的出发点，激励其在原有的基础上协同进步。增值性学生评价在评价时考虑出口减去入口的增量，使评价对象之间的比较基于统一标准，更为公平合理，保证了教育评价过程的公平性与客观性。

（2）发展性。

增值性学生评价从发展的视角来看待评价对象，在设计上具有跟踪观察的特征，能够通过多元的、丰富的数据描述识别出学生、教师或学校的成功与失败之处，作为发现问题、做出决策的起点，对个体或学校的发展具有积极的引导作用。这就要求学校和教师不能只关注成绩好的学生，应该关注到每一位学生，以发展的眼光看待学生在学校的各方面表现，不仅可保护后进生的自信心和积极性，还可以激励学业成绩优异的学生进行自我反思，使每个学生都能在原有基础上进步。

（3）纵向比较。

增值性学生评价作为一种新兴的、前沿的评价方式，其最大的特点在于刻画评价对象的纵向发展，而不仅仅停留于横向比较。增值性学生评价实际上是一种纵向比较，它的"增值"体现在评价对象个体现有水平与原有水平的差异，是一种"绝对增值"；而非个体与其他评价对象之间的差异，即"相对增值"。对每一位学生的纵向数据进行比较，可以清楚地看到每一位学生的进步情况，合理地推断出每一位学生的学习效能，这样有利于避免传统横向比较的弊端。

（二）学校增值性学生评价探索

教育的根本任务是立德树人，教育评价事关发展方向。天府一小在实施改革学生评价时，着力于增强改革的系统性、整体性、协同性，以"我和樱桃树共长"活动纵贯成长过程，自"聚光·酿果"到"得果·茂树"至"成树·达人"，层层递进，建构成长性、生态性评价系统，推动评价切实发挥指挥棒作用，指引可持续发展方向，促进学生全面发展。这里的"光"是学生为实现发展质量呈现出的努力程度，我们用"天一阳光卡"回应；这里的"果"是学生努力程度聚合而成的进步程度，我们用"天一红樱桃"回应；这里的"树"，是学生挂满红樱桃的"天一樱桃树"海报，亦是学生内心获得感、幸福感、安全感的外显。

1. 聚光·酿果，实化发展指标评价

基于《义务教育质量评价指南》中学生发展质量评价内容，天府一小以"看"为策略，将各项指标的评价落地、落实，使其成为学生向上成长的一道道光，进而酿出甜蜜的"果"。

一是多方长者参与"看"，使评价指标客观化。教师主导"面面俱到全面看"；校工协作落实"七看"学生，保安叔叔看礼仪、看安全、看仪式，保洁阿姨看卫生、看劳作，食堂大厨看营养均衡、看珍惜粮食；家长协同落实"天天看"，以共育共长本为载体，看学生每日喜怒哀乐，关注学生心理发展。"看"立于过程性点滴评价，"看"立于长辈对晚辈的赏识，赏识后以阳光卡标识肯定与表扬。

二是同辈同伴互相"看"，使评价指标"年段"化。学生同龄、混龄"互相看"，看行为举止、看规则意识，助力习惯养成，培养责任担当。例如，学生问："我做得怎么样？"同伴一席话写于纸页："你在……方面做得好，因为……""看"立于同辈同伴理解的眼光，"看"立于同辈同伴彼此坦诚的提醒，理解和提醒以有温度的文字留存心底，快乐向上。

2. 得果·茂树，优化发展认定层级

聚光酿成的果、得果茂盛的"树"，因学生发展的个体差异而有所不同。学校尊重差异，着力关注学生基于教育获得的发展水平的进步程度，优化发展认定层级，保障评价认定的公正性。认定层级有三个，"学科之星、樱桃宝贝、樱桃红娃"，三个层级鼓励学生个性发展、多元发展、全面发展。三个层级基于每个学生的进步程度考量。学科之星，赞赏个性发展优势，凸显个体禀赋；樱桃宝贝，赞扬"五育"发展潜力，鼓励德智体美劳稳步发展；樱桃红娃，赞美全面发展，高度认同学生素养。学校激励学生的每一分努力，鼓励学生沿着自我的正向轨迹发展，找准自己在集体中的位置，为生命的价值而喜悦，因喜悦而努力。

3. 成树·达人，具化增值评价方法

"树"的茂盛程度有差别，努力的态度、进步的态势值得激励。学校构建了"两展一会、成长袋、陪伴时光"三个维度的激励方法，具化增值评价，激发学生可持续发展的内驱动力。

一是"两展一会"，增见贤思齐之值。每周一展演：每周一班级进行国旗下美诵，全校师生共同见证班级发展风貌。每年一展演：天一稚子迎新年，每人一件满意作品置于书馆和课程馆，最优班级与团队登台表演，全校师生共同体验多元发展高峰样态。每期一赛会：运动撒欢，全员参与环湖迷你马拉松，共同磨砺身心素质、意志品质。

二是"成长袋"，增自我认同之值。装载"一单一画三册"——综合素质单，呈学业发展等级、述师生言语激励，用文字画像；一幅自我漫画，表自我心境，用色彩画像；融合研学册，汇集运用综合知识实践所发现的奥秘、所解决的问题；自在发展册，展现校内所学、校外阅读、劳动、运动的成绩；家校劳作册，展示学校、家庭洒扫情况，强化学生劳动意识，培养劳动习惯，培育劳动能力。这是一份完善的评价档案，让学生全方位看到自我表现，从而增加自我认同的价值，更好地感知"我是谁"以及"我将成为谁"，让发展因评价更具张力。

三是"陪伴时光"，增和谐关系之值。学生自选陪伴对象（同学、家长、教师、校工）、共议陪伴内容、共商陪伴时间，度过一段以"陪伴"为核心的激励时光。这段时光，有面对面的亲切交流，有手牵手的共同经历。交流与经历，传递情感、事实、态度、想法和信念，从对方言谈举止中加深了解，从对方回应中认识自己，不断完善自我，叠加优势，固化高峰体验，建立美妙的关系，促进可持续发展。

十年树木，树之生长，聚光，酿果，达成"荫之茂"；百年树人，人之成长，"纳评"，思变，呈向善之势。以一树"聚光""酿果""茂树"之长，纵贯"达人"始终，让学生在评价的指引下，真实地认知自己，真切地感悟生命的意义，建立与世界的亲密关系，知行合一，成为生活和学习的主人。

三、"新"小学的教师评价

(一)"新"小学教师评价现状

1. 评价内容缺乏综合性

评价内容是整个评价过程中较为核心的部分。目前学校的自我评价包括学生学业评价、学生成长评价、教师教育教学评价等,并没有涉及学校的其他方面的因素。学校自我评价的内容不应该仅仅是学生的成绩和教师的教学成绩,还应该包含校园文化的建设、学校内部管理、课程与教学实施、教师的专业发展、学生的核心素养等方面的评价。评价内容的细窄化使评价后所得到的数据仅仅针对某一方面,无法进行系统性、整体性的分析,学校的发展不能根植于学校的实际情况。

对教师的评价受传统标准化评价范式的影响,往往会停留在注重等级的甄别,而忽视了评价的诊断、激励和发展的价值。教师评价本应是促进教师的行为活动来实现学校的目标,但在实践中学校往往只采用量化评价的方式,并没有使评价起到诊断、激励和发展的目的,以评价促进发展的功能,教师很难在评价的过程中获得专业的成长。

2. 评价方式方法缺乏灵活性

学校在进行教师评价时,其主体是多元的。但主体与主体之间缺乏沟通却是面临的首要难题。往往出现的情况是一种自上而下的评价方式,形式比较单一,无法真正地获取评价的真实信息。学生、学校职工同样都是学校教师评价的主体,在进行评价时应该参与其中,以生成更全面的评价反馈信息。但是实际的情况却往往忽视了这一点。评价方式的多样化是校长充分调动学校教职工以及学生积极参与教师评价,根据评价的结果,调整教师教育教学活动,以实现教育目标,体现"以人为本"发展理念。

在评价方法上,主要采取的还是纸质的教师成长档案袋、单一的问卷调查等。这样的方法不仅费时费力,同时对于数据的收集及分析存在较大的问题,总体来讲效率不高。我们目前虽处于信息技术高速发展的新时代,各种有关教育教学评价的 APP 也很多,减轻了评价烦琐的程序,但是其评价的结果却呈现出浅显化。其深层性及智能化程度还有待提升。

3. 评价工具科学性不高

评价工具是指对评价对象进行测定时所采用的手段和方式，它是实现评价目标、体现评价内容的主要方式。评价工具的科学性不高是由于一线教师缺乏开发评价工具的专业性知识，体现在学校对于自我评价理念和目标认识不足。例如，评价工具缺乏科学性，教师所获得的评价结果比较笼统，不具有指向性，教师无法获得真正的问题信息来调整自己的教学活动，也不能提高自己的教学经验，更不能推广下去，教师的专业发展会出现"卡顿"现象。教师不能真正地认识自己，进而出现职业倦怠期，其消极影响的波及范围将会很大。此外，对于学生评价的工具比较机械、单一，不符合学生心理发展规律，脱离了学生生活实际，教师也无法真正地获得有关学生成长的信息，教育教学改革很难推进。

（二）"新"小学教师评价改进策略

1. 评价内容丰富化

作为被评价的主体，教师应该受到综合的评价，改变传统的以学生成绩作为教师的考核标准，逐渐将教师的专业成长、师德师风的建设等有关教师的成长纳入教师的评价体系中，形成动态的教师评价体系。天府一小在培养身正业勤、"达己达人"的"博雅教师"目标之下，开创了"教师测评系统"。对教师的评价分为五大板块：教学工作、第三方测评、满意度和师德、成长与贡献度增值、其他测评。天府一小采用综合的评价方式对教师进行评价，使评价结果更具有全面性。同时，教师在评价的过程中可以对自己的教学思想、教学行为进行调整，真正地通过评价激励和促进教师自身的发展，达到了以评促发展的目的。对教师进行多主体评价，构成了立体化的教师评价系统，使教师可以在评价的过程中搜集多方面的信息反馈。这样既能激发教师自主参与的积极性，又具有专家引领的超前性，有效地发挥了评价的指向与引导功能。天府一小的教师测评系统见表7-1。

表 7-1　天府一小教师测评系统

评价板块	教学工作	第三方测评	满意度和师德	成长与贡献度增值	其他测评	测评总分
评价内容	备课	课堂实录分数	满意度	赛课	本学期通报	
	候课	文章分数	师德	论文课题	本期事故	
	开课			交流	德育工作	
	上课			辅导学生获奖		
	结课					
	测试					

此外，学校设置嘉奖，采用增量机制。虽然嘉奖无官方奖状等实质性奖励，也未纳入绩效量表考核，但目的在于以嘉奖促优点固化，以嘉奖促团队建设，以嘉奖赞赏教师付出，让每一位教师、每一个团队获得不断向上的能量。以嘉奖，鼓励教师扎根天府一小的教育，鼓励教师深耕学术；以嘉奖，共建共享学校文化，共同促进学校发展。天府一小教师"特别嘉奖"如图 7-1 所示。

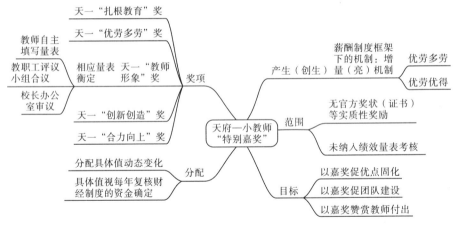

图 7-1　天府一小教师"特别嘉奖"

2. 评价工具智能化促进评价科学化

实现学校自我评价目标的关键在于评价工具，它连接着目标与结果，是评价过程中的重要部分。首先，评价工具的科学性受制于学校自我评价的理念和目标，学校应该从根源上进一步明确学校自我评价的价值标准和理念。其次，目前学校开发评价工具存在一定专业问题，大部分停留在问卷这一评价工具上，问卷的信度和效度无法保证，这使得评价缺乏科学化。学校可以组建自己的评价团队进行深入的学习，以提高本校自身评价工具的科学性。天府一小在"雅正"教育——融合、创新、人文、学术的教育思想下，借助人工智能技术，创设教师测评统计系统，利用可视化分析结果帮助教师及时发现自身问题。教师通过科学的分析测评系统所获得的评价结果，结合自身的实际情况以及学生的实际学情，调整教育教学活动，进而促进自身的发展。

第四节 "新"小学外部评价与内部评价的关系

长时期以来，许多国家的学校评价其实就是外部评价。有的评价由视导人员执行（如英国及其他一些欧洲国家），有的则是通过州、地区的认证机构来完成（如美国等）。外部评价对于监督学校的办学绩效、激励教师和校长更加努力地改进学校教育有着非常重要的作用，但是也存在着一些弊端，比如，评价人员不熟悉学校的发展脉络、容易对学校成员产生威胁等。近年来，随着校本管理运动的展开，许多国家逐步重视内部评价，以支持学校的自主发展。自1992 年内伏（Nevo）提出内外部评价的"学校本位评价"（School－Based Evaluation）概念之后，许多有关学校本位评价的议题多环绕在内外部评价结合或是评价者与教师的合作过程上。斯塔弗尔比姆（1994）整理《教育评价研究》（*Studies of Educational Evaluation*）期刊，认为在学校评价中有八项重要的趋势，其中一项即为内伏的"内部与外部评价的结合：学校本位评价的个案研究"。内伏（1995）认为，外部评价容易造成学校成员的内在教育价值观的冲突，但在内部评价机制的建构过程中，学校成员多缺乏评价的基本概念，因此，他开始探究如何通过赋权增能（empowerment）的力量，协助建立学校自助机制，寻求与外部评价的沟通途径，并在以色列的教育系统中实施。后来他在其著作《校本评价与学校发展》（*School － Based Evaluation ： A Dialogue for School Improvement*）中，对学校本位评价有了更清晰的认识。他认为，学校本位评价并非内部评价的同义词，也不是外部评价的反义词，而是两者之间的联系，其关系为互补，而非对立。

一、外部评价与内部评价的关系

评价的目的是校正与激励，使学生在评价中有所感悟，有所反思，获得新的成长点，具有隐性的教育价值。学校外部评价与学校内部评价两者之间存在并行（parallel）、序贯（sequential）和合作（cooperative）三种关系模式。并行是指两个系统各自运行，每个都有自己的标准和规则；序贯是指外部机构遵循学校自我评价，并将其作为学校质量保证体系的关键；合作是指外部机构与学校合作制定一种共同的评价方法。随着学校系统的不断成熟，虽然发展趋势是从并行到序贯再到合作模式，但实践中并行、序贯模式在许多国家教育系统中都是混合出现的，几乎没有教育系统单纯使用某一个模式。

（一）外部评价指导内部评价

外部评价为天府一小的发展提供了参考，例如，外部评价注重"五育融合"的落实，因此内部评价除了传统的科目学习，还会对劳动教育有所评价。学校组织学生做柴火鸡、做豆浆、收豌豆、种花生、除草、打菜籽等活动，以此锻炼学生，达到"五育融合"。外部评价和内部评价虽然评价的主体不同，但是外部评价的组成人员一般有上级主管部门、机构或者行政人员，他们的评定项目和标准也指引着内部评价的展开。一般来说，学校会提前知道外部评价的维度、要求和指标，作为内部评价的主体，可以在外部评价之前先做内部评价，及时发现不足与优点，为下一步学校发展提供依据。特别是不足之处，及时改正或去除，在外部评价时，则可以满足各项指标，也能让学生和学校获得发展。

（二）外部评价以内部评价为基础

外部评价组成人员毕竟没有经历该学校的活动，是以一个全新的局外人身份进入学校进行评定的，很多过程和细节很有可能没有注意到。此外，个别学校为了应付评价，把外部评价的一些指标只做表面上的工作，而等评定时期一过，一切又恢复成老样子。这样长此以往，对以后的教育发展是不利的。然而，如果能提前参考或者检查内部评价的结果，就能为外部评价提供一些参考价值。

（三）内外评价共同作用，促进学校教育发展

学校内部评价与外部评价是学校评价的两种主要方式，但任何一种方式都不能单独发挥促进学校的效能发展与改革的作用。建立一种融合内外部评价的优点，强调学校成员的自发、自主，与外部评价专家的合作协助，内外互动，共同促进学校发展的发展性学校评价就成为当前国内外学校评价发展的新趋

势。然而要形成内外互动、合作共促的良好氛围，还需要双方先就评价的概念、方法与过程等方面的理解达成一定的共识。内部评价与外部评价虽然评价主体和目的有些差别，但是其最终目的都是学校的发展，学生的德智体美劳等全面发展。如果缺乏"问题意识"，学校的内部评价便发挥不了作用。评价活动并不直接导致改革，但围绕评价，人们的群策群力以及希望改变现状的愿望将促进改革有组织地进行。当学校内部评价与外部评价发生矛盾时，将刺激教师的职业意识，并使他们感到危机，感到自己的职业受到了挑战。这样学校发展得也会越来越好。

（四）内部评价强势于外部评价

校长是学校的领头羊，对外代表学校，对内又对学校的人力、物力、财力等做合理的分配，使得学校朝着建设目标前进，因此学校的发展方向，绝大多数取决于学校领导高层的意愿和决策。国外研究表明，单一的外部评价对学校发展效益的提高不明显。学校内部评价只有在评价体系中占有一定的强势地位才能够发挥其真正的效用。来自不同国家的多项实证研究表明，实施内部评价的学校，学生学业成绩有显著的提升，且后进生能够获得比预期更大的成就。此外，学校根据自身的内部评价制定的一系列改进策略有助于提升学校整体的教育水平。天府一小虽然外部评价与内部评价并行，但内部评价占比更高，内部评价涉及教育理念的定位、小学发展方向、教师职业成长、教师评优等，涉及学校切身利益，无论是评价的频率还是方式，内部评价都相对更强势。

二、外部评价与内部评价的发展趋势

外部评价与内部评价作为学校发展重要的两个评价维度，缺一不可，其未来发展的趋势主要有以下几点。

（一）内外结合，促进人的发展

评价的根本目的，不是终结，不是"贴标签"，也不是惩罚，小学发展的最终归宿是人的发展。学生是未完成的人，小学是 6~12 岁适龄儿童主要的学习场所，他们的身心发展、知识学习、习惯养成、初步社交均在学校进行，学校的一切对学生都起着潜移默化的影响。例如，学校形成了良好的学习氛围，学生则能快乐成长；学校形成了健康的管理体系，教师也能开心地工作，传递自己的知识，实现自己的价值；学校形成了良好的校风，管理和行政人员也能够带领学校继续发扬，形成良好的教育生态。因内部评价与外部评价的侧重点和方法等都相差较远，所以只注重内部评价或只注重外部评价，会让一所学校的教学生态有所偏颇，甚至走向两个极端。只有将二者结合起来，相互促进，相互制衡，才能让学校的发展越来越好，进而学生和教师的发展也越来越好。

（二）内强于外，改善教育生态

内部评价和外部评价作为两种评价方式，一直是结合并作用于学校发展的。然而，二者所占比例或者是侧重点一直是内部评价更多，即将来评价走向依然会延续内部评价强势于外部评价的模式。评价不是简单粗暴地得出结果，也不是"勒令"不足之处马上改正，这一切都是循序渐进改善教学方法，提升学习效果。明确学校评价目的对于决定谁应负责开展评价、使用哪些程序，以及如何使用评价结果都至关重要。学校评价作为教育系统评价总体框架的一部分，其目标应与教育系统的总目标保持一致。在学校评价框架内，要平衡学校评价的问责和发展功能，考虑哪些要素用于问责，哪些用于促进发展，确保学校评价的重点是教师教学、学生学习和学生成果。同时，学校评价不仅仅要关注政策、规划和结果之间的关系，更要旗帜鲜明地突出它对教学和学习的重视。学生学习成绩评定是建立在学生身心发展基础上的学习评定，而不是过去那种简单地看分数或者看毕业生的升学率；在评定教师的教学质量的同时，班级平均分是一个方面，还要看到教师的职业满意度、职业成长状况、工作安排是否符合人的需求；对学校整体评定，要重视学生的心理健康，对德智体美劳全面评定，当发现有不妥之处时，需采取正确的方式去改进。

（三）结合科学技术，丰富评价方式

进入新的时代，这是一个充满着高科技的时代，未来内部评价和外部评价的发展趋势定会与之相结合。例如，评价班主任工作时，要看他们平时用QQ、微信等沟通软件和家长交流的有效性，是否为家校共育做出了实际成绩。同时，对信息技术工具的使用，也会纳入评定范围内。与此同时，学生的学籍数据、学习成长袋、分数等级等都可通过软件工具来进行记录，存放在云端，即使设备出了故障，也能通过账号找回，永久有效。

（四）提高透明度及公信力，优化评价程序

内部评价的主体是校内的教师、行政人员、校领导等，因涉及自身学校利益的发展，尤其是提供给上级检查的评定表中，个别学校很有可能在评价的指

标上不够客观，出现一些不能客观反映事实的数据和项目指标；而于外部评价，如果评价主体是家长，他们会出于"怕得罪教师"等念头而说出一些不客观的话。此外，如果外部评价是第三方机构，他们也有可能会出于某种考虑让结果失之偏颇。

学校质量标准将为有效的学校评价提供明确依据，而学校和学校组织者使用据此建立的评价指标框架将增加外部评价和内部评价之间的一致性。"我们的学校有多好"不仅是学生和家长的问题，也是学校领导和教职工的问题，更是教育当局的问题。

提高透明度和公信力最好的方式就是收集客观的资料和数据。例如，外部评价的方法、程序和手段在互联网上定期公开征询公众意见，评价报告也以纸质形式或数字形式出版；评价机构鼓励学校提前审查已公开的评价标准和工具，并允许学校就外部评价过程发表意见。

后　记

　　本书由代显华负责整体框架，谢东云领衔实践总结，张露统筹整个写作工作，钟键、凌静负责天府一小相关内容的写作指导。导论由代显华、张露撰写，第一章由蔡莹桥、代显华撰写，第二章由文欢、肖文芳撰写，第三章由汤永洁、陈红撰写，第四章由蔡莹桥、王丽波撰写，第五章由汤永洁、刘晓琴撰写，第六章由周慧玉、李红飞撰写，第七章由张露、代显华撰写。全书由邓丽娜、陈红、刘晓琴、冉亦、温婷统稿，陈红、刘晓琴、张露、蔡莹桥、汤永洁、周慧玉、文欢校对。

　　由于执笔者较多，书中难免存在瑕疵。引用文献尽量注明出处，但难免有所疏漏，如有遗漏，敬请原作者谅解，也敬请各位读者批评指正！

　　最后，衷心感谢为本书作出贡献的所有人！

编　者